Concevoir un jeu vidéo

Marc Albinet

À ma femme Marion,
pour sa patience.

Édition : Florence Devesa, Séverine David
Photogravure : IGS
Imprimé en France sur les presses de l'imprimerie Chirat.

Cet ouvrage a reçu le soutien du Conseil régional du Limousin et du ministère de la Culture
et de la Communication, DRAC du Limousin, avec le concours du Centre régional du livre en Limousin.

contact@fypeditions.com
Tél. : 05 55 33 27 23
www.fypeditions.com

éditions fyp

ISBN : 978-2-916571-36-2

Marc Albinet

Concevoir un jeu vidéo

Les méthodes et les outils des professionnels expliqués à tous !

**Tout ce que
vous devez savoir
pour élaborer
un jeu vidéo**

éditions fyp

Préface
par Pierre Mousson

Marc Albinet est un pionnier, un *game director* complet. Il a inventé, réalisé, créé, depuis dix-sept ans, de nombreux jeux avec succès et reconnaissance. C'est, sans aucun doute, l'un des acteurs de cet univers du jeu vidéo, en France, qui a acquis le plus d'expérience, de savoir-faire.

Nous avons commencé notre collaboration ensemble il y a bientôt onze ans. À cette époque, le monde du jeu vidéo rassemblait des gens venus d'horizons divers aux profils atypiques, mais qui partageaient tous la même passion : l'arrivée du numérique permettait l'exploration d'une nouvelle frontière du monde du contenu. « Artisans, compagnons », ils fabriquaient par tâtonnements, avec enthousiasme, de grandes et belles choses. Le métier de développeur s'acquérait de manière empirique et itérative. Il existait des équipes de productions, mais pas de chaîne de production telle qu'on l'entend aujourd'hui. Les savoirs se transmettaient par la pratique communautaire.

Quand nous avons décidé de créer Phoenix Studio avec Pascal Stradella, il nous a semblé tout naturel de demander à Marc de faire partie de l'aventure pour lui confier les fonctions de patron du *game design*. Les idées-forces qui ont régi la naissance de ce studio de développement étaient essentiellement de deux ordres : d'une part, créer des jeux éthiques, c'est-à-dire créer des jeux pour des enfants en ayant toujours à l'esprit une responsabilité vis-à-vis d'eux tant au niveau du contenu qu'au niveau du plaisir ludique engendré par ces jeux ; d'autre part, j'étais particulièrement attentif à la mise en place d'une politique d'entreprise permettant de passer du savoir-faire, l'empirisme des débuts, au savoir.

Phoenix Studio avait la volonté de construire une politique de recherche et d'innovation. Cette politique s'est structurée autour de deux axes : création d'un département recherche et développement technologique, et laboratoire d'étude des usages. L'objectif était de passer du stade du savoir-faire artisanal à l'acquisition de la connaissance avec un but en particulier : transmettre !

Ce que Marc délivre dans ce manuel, c'est tout un pan de ces savoirs devenus transmissibles, afin que le plus grand nombre puisse, demain, s'en emparer au service de la création.

Au cours de ces onze années passées ensembles, nous avons pu constater l'accroissement des ressources nécessaires à l'élaboration d'un jeu ; que ce soit la complexité croissante des chaînes de production 3D temps réel, la recherche du réalisme dans la simulation, les évolutions des représentations graphiques, la multiplication des équipes de production et à certains égards la transformation même de la narration, toutes ces choses nous ont accompagnés. Si aujourd'hui, la notion de système de jeu est considérée comme acquise, il n'en a pas toujours été ainsi. Le travail empirique, les tâtonnements des game directors, l'apprentissage sur le tas de ce nouveau métier, a fait partie de notre quotidien.

Si le créateur de jeux aujourd'hui peut se concentrer sur ce qui fait la qualité d'un jeu avec ce soucis du détail tel qu'on le retrouve au niveau du *level design*, c'est grâce à tout ce travail accumulé, pensé et réfléchi comme il a été pratiqué dans tous les grands studios dont Phoenix. C'est ainsi que la matière du livre que vous avez entre les mains a pris forme : méthodologie de création de jeux et énoncé d'un certain nombre de règles permettant cela, tous ces éléments, qui relevaient hier de l'empirisme, prennent sens aujourd'hui. De plus, Phoenix a su amener dans cet univers des pratiques peu courantes à l'époque : méthode agile, prototypage expérimental, étude des comportements utilisateurs. Réfléchis, digérés, ordonnés, tous ces savoirs prennent maintenant leur place.

Aujourd'hui, c'est la fin de l'ère des pionniers. Le monde a changé. À travers cet ouvrage, Marc, en tant qu'acteur de la politique d'innovation de Phoenix, devient un rouage de la transmission d'un savoir maintenant disponible. Quant à ce que vous allez lire, je n'ai qu'un souhait : que cela permette, à tous ceux désirant créer un jeu, de pouvoir « oublier » les mécaniques de construction et d'écriture pour se concentrer sur ce qui a probablement fait de notre activité un nouvel art, c'est-à-dire le plaisir de jouer. À mes yeux peu de choses dépassent l'émotion de l'expérience ludique : pouvoir associer dans le jeu les sentiments humains, rire, pleurer, s'attendrir, s'interroger, tout cela – et bien plus encore – fait depuis toujours partie de l'histoire humaine.

L'essence du jeu, au-delà des règles et des contraintes, au-delà même de l'histoire narrée, reste et restera le plaisir de jouer.

Pierre Mousson,
Directeur général de Phoenix Studio, membre actif du conseil d'administration du Syndicat national des jeux vidéo.

Introduction

Pour un langage vidéoludique

Qui que vous soyez, vous n'avez pas pu passer à coté du phénomène de société moderne que représentent les jeux vidéo. Mais avez-vous déjà pensé que vous pouviez en inventer un ?

Cet ouvrage est destiné à tous ceux qui souhaitent comprendre et apprendre à créer des jeux vidéo. Il tente d'expliquer l'ensemble du langage vidéoludique et outils méthodologiques de conception dont les professionnels disposent aujourd'hui.

Pour le lire, nul besoin de compétences de programmation ou autres types d'expertise pointue. Le simple fait d'avoir déjà joué à un jeu vous permettra de comprendre son contenu.

Directeur créatif d'un grand studio français pendant six ans, et professionnel du jeu vidéo depuis plus de vingt ans, j'y ai synthétisé tous les processus et les outils de création utilisés dans le monde professionnel, sans pour autant les simplifier ou les dénaturer. Car tous sont simples et accessibles. Seule la fibre artistique, le savoir-faire et l'utilisation quotidienne en rendent l'usage professionnel.

Les sources méthodologiques sont multiples, mais toutefois limitées dans leur nombre et leur origine. Toutes ont participé aux outils présentés, sans qu'aucune ne possède plus d'importance que les autres. Voici les quatre sources qui ont nourri les méthodes que j'exposerai dans cet ouvrage :

- Les articles et les méthodes régulièrement publiés sur les sites spécialisés[1] représentent un flux continuel de savoir-faire au travers duquel il faut apprendre à lire des méthodologies. Il s'agit souvent de réflexions personnelles ou de post mortem, c'est-à-dire l'état des lieux d'un savoir-faire utilisé sur une pro-

(1) Le site professionnel majeur est : www.gamasutra.com

duction. Par le biais de ces publications, nombre d'expériences et de méthodologies internes transparaissent, alors qu'elles devraient parfois rester confidentielles.

- Les GDC : les *game developpers conferences* existent depuis de très nombreuses années et ont désormais lieu plusieurs fois par an à différents endroits de la planète. Elles réunissent des milliers de professionnels du développement de jeu et permettent d'écouter des exposés décrivant l'expérience de ceux qui veulent bien la transmettre. Ces conférences sont de tous niveaux et abordent tous les métiers du jeu vidéo : production, son, programmation, *game design*, graphisme, etc. Elles sont par nature l'occasion de partager des expériences, des théories et des méthodologies utilisées en production et présentées dans ce cadre.
- La troisième façon de découvrir de nouvelles méthodologies est le processus naturel qui s'exerce lorsque l'on travaille avec des éditeurs majeurs. J'ai eu l'occasion de collaborer avec plusieurs d'entre eux, ce qui m'a nourri, m'a permis d'aborder de nouvelles façons de voir, et a donc largement fait évoluer le spectre de ma compréhension des processus de travail, des outils de conception et surtout des éléments de langage qui se sont lentement fait jour à mesure que les années passaient et que le jeu vidéo évoluait.
- Enfin, la quatrième manière d'accumuler du savoir méthodologique est celle de l'expérience personnelle et des années, passées soit à travailler soi-même en tant que créateur sur des projets, soit à guider des créatifs sur les projets. L'expérience que j'ai pu emmagasiner depuis plus de vingt années de création de jeu vidéo me donne le recul nécessaire pour comprendre l'évolution et les directions prises par les réflexions méthodologiques et la création d'outils de conception. Toutes ces années ont été faites d'expériences empiriques, nourries

d'essais, de théories personnelles et d'expérimentations méthodologiques sur les projets.

La vision que j'ai eue de ces savoir-faire a toujours été teintée d'une influence particulière, provenant de mes années d'université. En effet, ma formation initiale en esthétique, en analyse et histoire du cinéma m'a fourni un regard d'une spécificité académique sur toutes ces évolutions méthodologiques, et me donne un recul s'élaborant beaucoup sur ce parallèle avec le cinéma et l'écriture filmique.

Les trente premières années d'existence du cinéma ont été marquées par deux phénomènes majeurs : d'une part, le passage d'une activité foraine à celle d'industrie de loisir ; d'autre part, l'invention progressive d'un langage cinématographique, c'est-à-dire de mécanismes utilisés dans la conception et la fabrication d'un film, pour fournir une expérience assimilable et appréciable par le spectateur.

Le jeu vidéo présente les deux mêmes évolutions depuis sa création. Devenu une industrie majeure alors qu'il n'était qu'un loisir sans valeur économique et culturelle, il est en passe de devenir un art à part entière, car il possède aujourd'hui un langage permettant de créer une expérience faite de sens et de ressentis.

Car ne nous y trompons pas, bien que balbutiant, le jeu vidéo est un art dramatique en devenir. Là où l'image, le son et la mise en scène réduisent l'imaginaire, la liberté d'interaction offre au jeu vidéo de nouveaux champs dramatiques qui lui sont propres. Le choix ne revient plus au personnage mais au spectateur devenu acteur. En effet, le joueur n'est plus un simple observateur des choix d'un personnage. Désormais, il a en charge de faire ces choix lorsqu'il agit, et de les assumer lorsqu'il ressent.

Cet ouvrage expliquera de quoi est fait ce langage vidéoludique et vous en fera découvrir la simplicité et la portée créative. Comme dans le cinéma ou l'écriture dramatique, les outils sont peu nombreux et simples à comprendre et à utiliser. Ils sont les mots permettant d'appréhender ou de fabriquer les phrases de la création ludique. Si vous avez quelque chose à dire par le jeu, ce livre vous en donnera les moyens.

Avec ces méthodes, vous comprendrez comment les jeux fonctionnent, ce qu'ils véhiculent et les réactions qu'ils produisent chez les joueurs.

En utilisant ces outils aussi basiques que puissants, vous serez capable de concevoir des jeux, à commencer par des principes simples, comme on en trouve tant sur internet ou les téléphones évolués.

Vous pourrez structurer et affûter vos *mods* ou vos niveaux de jeu si vous êtes déjà un adepte des outils d'édition disponibles sur le marché. Vous pourrez cadrer et maîtriser la conception d'un *serious game* et en contrôler efficacement la fabrication et le budget.

Si vous désirez comprendre ou faire un jeu, la vocation de ce livre est de vous en donner les clés. Toutes sont simples et accessibles à tous.

Chapitre 1

État des lieux

A- Brève histoire du *game design* (1) : jeux vidéo d'hier, d'aujourd'hui et de demain

Le jeu vidéo fête ses 30 ans. Son histoire en tant qu'activité économique démarre vers la fin des années 1970. Cette époque voit la naissance des premiers jeux vidéo en tant que tels. Pong, Defender ou Space Invaders marquent le début d'une réelle exploitation commerciale.

Dans les années 1970 et à l'aube des années 1980, les jeux vidéo font leur apparition en salles d'arcade ainsi que sur les consoles de cette époque. Le succès des salles, immédiat et incontestable, rappelle le succès du cinéma à ses débuts. Le kinétoscope de l'Américain Thomas Edison et le principe de la lanterne magique (2) semblent en être les meilleures comparaisons.

À leurs débuts, les jeux vidéo surprennent et piquent la curiosité par leur aspect technologique, plus particulièrement par leur composante informatique. Ils fascinent, amusent et titillent l'imaginaire de tous, à une époque où la science-fiction au cinéma s'étend avec succès au divertissement grand public (*Galactica*, *Star Wars*, *E.T.*, *Alien*, etc.) là où elle ne régnait que sur les séries B. Les jeux vidéo semblent être un prolongement de cet imaginaire, comme un trait d'union avec cette fiction de sciences futures. On est alors très loin d'une création artistique.

(1) Le *game design* correspond à la conception théorique du jeu vidéo : style et mode de jeu (*gameplay* ou « jouabilité »), genre de jeu, etc.

(2) Inventé en 1888, le kinétoscope est l'un des premiers appareils de visionnage cinématographique. Une petite fenêtre de visualisation permet à une seule personne de regarder des films courts. Sa diffusion auprès du grand public s'est faite par l'ouverture de « salles de kinétoscope ». La lanterne magique est l'ancêtre des appareils de projection, fonctionnant avec des plaques de verre peintes. Son apparition remontant à la Chine antique, elle devient un classique de l'offre de divertissement des colporteurs ou des forains à partir du XVIIe siècle.

Les développeurs ne font que transcrire les œuvres venues de la littérature ou du cinéma. Les univers d'*heroic fantasy* y sont majoritaires, le personnage que vous jouez est forcément un « gentil », parti sauver le monde, parfois la princesse.

Durant les années suivantes, l'interaction n'est pas considérée comme l'élément essentiel. Elle est masquée par les domaines connexes, mais indispensables, que sont la technologie et la représentation, elles-mêmes dépendantes des possibilités offertes par le *hardware*(1) de la machine.

1 Les années 1980, **de l'artisanal à l'industriel**

Entre guerre des consoles, émergence des ordinateurs personnels, engouement naissant du public, et frénésie de production, le jeu vidéo vit une révolution du marché. Un peu avant le milieu de la décennie, il expérimente sa première crise économique(2).

Le secteur, jusque-là artisanal, s'industrialise. Le succès rencontré au cours de la décennie et l'augmentation exponentielle que le marché du jeu connaît après cette première crise de 1983 permettent à cet artisanat de se transformer en industrie à grande échelle. La crise sert de catapulte et transforme l'industrie d'abord par l'échec, avant de connaître un plus grand succès.

(1) Le hardware est le matériel en lui-même, les capacités que possède la partie électronique de l'ordinateur.

(2) Le « krach » du jeu vidéo de 1983, dû principalement à l'innondation du marché par une multitude d'éditeurs et constructeurs, et à la concurrence de l'ordinateur personnel, a permis au Japon de détrôner les États-Unis sur le marché des consoles de salon, mais également l'instauration de règles strictes concernant les développeurs de jeux.

À cette époque, les créateurs de jeux sont encore bien loin de posséder des méthodes de conception. La création, jusqu'alors expérimentale, devient plus artisanale. Elle est totalement réflexive, c'est-à-dire réalisée à partir des propres ressentis du ou des créateurs, sans se soucier des joueurs.

Une création d'abord technologique

Au début de cette décennie, les créateurs sont presque uniquement des programmeurs, pas des artistes et encore moins des auteurs et concepteurs comme il en existe dans les arts dramatiques traditionnels. La percée de la micro-informatique draine des profils techniques. Les jeux sont avant tout des programmes informatiques. Les programmeurs occupent chacun la place de créateur dès qu'ils ont besoin d'un graphiste. Mais les technologies sont tellement contraignantes que ceux-ci doivent avant tout posséder un profil technique.

L'émergence des « pixelleux »

La décennie des années 1980 est marquée par l'émergence des graphistes, ou des « pixelleux ». Au début des années 1980, les machines ne laissent pas de place au graphisme au sens artistique du terme. Savoir placer les pixels au bon endroit selon les contraintes, tout en s'approchant d'une représentation la plus ressemblante possible, est alors une spécialité à part entière.

Cependant, le milieu des années 1980 voit aussi l'apparition de machines de plus en plus puissantes : du ZX81 en noir et blanc, à l'Amstrad CPC ou au Commodore 64 en 16 couleurs qui possède une définition d'image bien supérieure, pour terminer avec l'Atari ST et l'Amiga capable d'afficher 4 096 couleurs sur une image fixe et dans des résolutions qui sont presque celles des programmes de télévision de l'époque. En dix ans, l'intervention des graphistes devient indispensable. Pour l'ensemble de l'industrie, le premier pas artistique est franchi. Les arts de l'image et du graphisme font leur entrée dans le monde de la création de jeu vidéo. Néanmoins, les questionnements ludiques n'existent pas encore. Comme Monsieur Jourdain faisant de la prose sans le savoir, on fait du *gameplay* et du *game design* sans s'en rendre compte.

Le gameplay est un terme anglophone dont l'équivalent français serait la « jouabilité ». Il désigne l'ensemble des règles et des éléments mis en œuvre pour fabriquer le jeu. Le terme correspond à la contraction de la phrase : *How the game plays*. Il désigne à la fois la manière dont se joue le jeu, mais également le jeu en lui-même. Lorsque l'on parle du gameplay, on le rattache souvent à l'idée de « mécanismes de jeu ». En effet, un jeu n'est pas le fruit du hasard. Il est le résultat d'une construction minutieuse, il est une synthèse de règles et de possibilités laissées au joueur afin de créer de l'amusement.

Le game design est l'art de savoir fabriquer une bonne jouabilité. Comment rendre un jeu amusant, immédiatement, dans la durée ? Quel niveau de difficulté doit-on proposer ? Quel rythme de jeu, de difficulté, de récompenses faut-il bâtir, pour construire un gameplay se renouvelant à mesure que le joueur avance dans les heures de jeu ?

Mais dans ces années 1980, seuls Nintendo et les développeurs de *coin-op*(1), travaillant le cœur du jeu, prennent une avance considérable. Nintendo possède déjà un premier vocabulaire conceptuel, là où la majorité des acteurs de l'industrie n'a même pas encore identifié la notion de gameplay. Le jeu d'arcade de l'époque invente une partie du vocabulaire vidéoludique que l'on retrouve dans les produits Nintendo de la même période, chacun étant pionnier dans son domaine.

(1) De *coin operated* : jeux en salles d'arcade ou dans les bars fonctionnant grâce à l'insertion d'une pièce de monnaie.

2 Les années 1990, **le jeu vidéo grand public**

Cette décennie marque le passage d'une industrie naissante à celle d'une industrie grand public. Au cours de ces années, le jeu vidéo change de statut. Il passe de quasi inconnu du marché du divertissement à un domaine reconnu, car porteur d'activité économique.

La mort des coin-op

Les années 1990 voient l'explosion de la représentation, de la technologie, et le succès commercial du jeu vidéo personnel, entraînant la mort des jeux en salles d'arcade.

La transition entre les deux décennies se fait avec l'Amiga et l'Atari ST, elles-mêmes supplantées par les consoles Super Nes et Sega Mega Drive. La qualité visuelle des jeux devient considérable et concurrence directement les jeux d'arcade. Une console comme la Neo-Geo, par exemple, propose des jeux de qualité équivalente aux jeux en salle.

Avec l'évolution des cartes d'affichage, le PC propose des jeux aux graphismes toujours plus impressionnants, devenant eux aussi des concurrents directs des jeux de bar. Les coin-op disparaissent lentement, évincés par cette nouvelle puissance, dès lors accessible à domicile.

L'arrivée de la PlayStation

En 1995, Sony sort la PlayStation pendant que Sega propose la Saturn et Nintendo la N64. Ces consoles présentent le même niveau de qualité technologique, c'est-à-dire celui des bornes d'arcade. Elles sonnent le glas des jeux de coin-op. Le jeu vidéo en a fini avec sa forme foraine.

Avec la PlayStation, Sony impose un marketing grand public et crée le succès médiatique de sa console. Le terme « PlayStation » devient le référent culturel servant d'icône pour parler de jeu vidéo.

Des jeux comme Mario 64, Tomb Raider ou Resident Evil font entrer le public dans une autre dimension du jeu vidéo. Dans l'industrie, on commence à se poser des questions sur la manière de concevoir un jeu. Les jeux en 3D font brutalement surgir le problème des liens étroits entre les contrôles du personnage, ses actions et la manière dont la caméra montre tout cela. La notion de « 3C » (*character, controls, cameras*) apparaît. Elle est aujourd'hui l'un des éléments fondamentaux du langage vidéoludique.

La tentation du narratif

Avec la progression de la représentation et l'évolution des technologies, la conception du jeu vidéo ne progresse pas de façon notable dans la théorie ludique, mais plutôt dans la qualité formelle que peut prendre le jeu.

C'est dans cette décennie qu'apparaissent les cinématiques et les voix enregistrées dans les jeux. L'augmentation qualitative des graphismes et de l'ensemble des outils de représentation et de stockage est telle, que l'on commence alors à parler de « film interactif ».

Avec cette qualité visuelle, c'est naturellement l'aspect narratif qui est mis en avant. Les cinématiques ont besoin d'être écrites, découpées, réalisées. Le succès des jeux d'aventure sur PC repose alors sur la qualité des graphismes et la possibilité de vivre une aventure suivant une histoire, un scénario bien écrit et intéressant, fait de rencontres de personnages, de scènes, de dialogues et de retournements de situation. De nombreux éditeurs font appel à de grands noms du graphisme ou du scénario, à des auteurs colossaux au talent reconnu. Néanmoins, ce type de collaboration ne représente pas forcément un gage de succès pour les produits, la qualité des jeux en eux-mêmes n'en étant pas pour autant relevée.

Le langage vidéoludique n'est alors pas maîtrisé, puisqu'il n'est même pas encore inventé. Avant de proposer la maturité d'une dramaturgie forte et d'un univers de fond, le jeu vidéo devait connaître et maîtriser ses fondations : celles du gameplay et du game design.

3 Les années 2000, **l'identification du langage vidéoludique**

Elles voient l'émergence du game design en tant que langage et âme de l'art ludique interactif, l'identification des outils du gameplay et le changement de statut du jeu vidéo, passant de produit grand public à un produit de masse.

Les deux décennies précédentes ont créé un savoir ludique empirique. De nombreux créateurs comptent alors plusieurs années d'expérience et plusieurs projets à leur actif. Le passage à la 3D force à se poser des questions sur le joueur, sa compréhension du jeu et sa capacité à s'amuser. L'arrivée d'un public toujours plus large oblige à s'interroger quant à l'efficacité des conceptions et des réalisations.

Les Américains pionniers

Évoqué par les Anglo-Saxons, en particulier par les Américains, le game design apparaît comme un sujet majeur de discussion, de partage et de théorisation. Dans les *game develop-*

pers conferences, des orateurs proposent de s'accorder sur un vocabulaire commun, une sorte de grammaire générale à tous les jeux. D'autres proposent des *guidelines*, c'est-à-dire des recommandations à suivre lors du travail de conception de projet.

Le mouvement de fond lancé, la plupart des grands éditeurs de jeu commencent alors un travail de réflexion et de théorisation.

En France

La France reste incontestablement l'acteur majeur de cette progression. Des recherches de fond chez Ubisoft permettent de créer les premiers outils solides : guidelines, méthodologies et processus de création qui faisaient jusque-là défaut. Cette théorisation est transmise aux équipes de production du monde entier, puis diffusée dans certaines écoles de jeu vidéo. Mais identifier les méthodes et le langage n'est pas tout, le transmettre et le rendre actif, vivant, pris en compte par les équipes de création, représente le prolongement d'une évolution dont nous ne sommes aujourd'hui qu'aux prémices.

De mon coté, appartenant à un studio indépendant majeur en France, j'ai mis en place des processus de création et identifié des mécanismes clés et récurrents pour le compte de Doki Denki, l'un des grands studios indépendants français de l'époque. L'utilisation de ces méthodes pour le jeu La Chasse au miel de Tigrou (licence Disney, Winnie the Pooh), nous a valu un Bafta Award[1] du meilleur jeu pour les enfants.

Les années 2000 sont donc marquées par l'apparition des théories majeures et des méthodologies de création et de game design aujourd'hui délimitées, que tous cherchent encore à étoffer mais dont on peut affirmer qu'elles constituent la base du

(1) Récompense prodiguée par la British Academy of Film and Television Art (www.bafta.org/), sorte de César anglais applicable dans tous les domaines culturels.

langage vidéoludique. En France, plusieurs chercheurs travaillent désormais sur le thème du jeu vidéo et en font encore avancer le savoir. Les méthodes et les théories sont identifiées et forment ce langage grâce auquel un game designer peut structurer un jeu en sachant s'il est correctement construit du point de vue théorique. Comme il existe un vocabulaire filmique, basé sur les règles de montage, la taille du plan, le type d'axe de prise de vue, de raccord, il existe maintenant un vocabulaire vidéoludique.

Les codes sont posés, définis, assimilés par les joueurs, suffisamment intuitifs pour être immédiatement compris par des novices. L'heure est donc à la maîtrise des émotions et à la création d'expériences uniques, marquantes, porteuses de message. Elle est à la création d'œuvres à part entière, capables de toucher les joueurs, de changer leur perception du monde. Le temps est venu pour des conceptions mêlant subtilement gameplay maîtrisé, dramaturgie de qualité et mise en scène de haut niveau. Le jeu pâtit cette fois du manque de profondeur et de savoir-faire dramatique dont souffrent les game designers, mais le temps est proche où leur maturité personnelle et leur connaissance des arts dramatiques suffiront pour créer les premières grandes œuvres vidéoludiques.

B- Qu'est-ce qu'une expérience de jeu vidéo ?

Qu'est-ce que l'amusement fourni par un jeu vidéo et que définissons-nous comme une expérience de jeu ?

1 Étymologie et définition de la notion de jeu

Le jeu s'oppose au travail, car le temps passé à jouer ne l'est évidemment pas à travailler. C'est pourquoi, dans notre culture occidentale, jouer n'est pas considéré comme une activité sérieuse et par une sorte de transitivité inconsciente, fabriquer ou créer des jeux ne peut pas non plus revêtir un caractère valorisant. Pourtant, les mentalités changent, la popularisation des jeux fait découvrir des usages plus sérieux, le chiffre d'affaires du domaine en fait une industrie à prendre en compte. Dans certains produits en ligne, les joueurs ne sont rien d'autre que des travailleurs, passant leur journée à récolter de l'argent virtuel ou à gagner des éléments de jeu qui seront revendus plus tard à d'autres joueurs contre de l'argent réel. Ces ouvriers du MMORPG (1) sont appelés des *gold farmers*. Asiatiques pour la plupart, ils occupent les mondes virtuels en ligne des jeux à succès.

À l'époque des Romains, l'école est désignée par le terme *ludus* qui donnera « ludique » en français. L'école est l'endroit où l'on s'amuse, car elle s'oppose à l'autre activité du quotidien, celle du travail dans les champs.

(1) MMORPG : *massively multiplayer online role-playing game*, jeu de rôle en ligne massivement multijoueur se déroulant dans un monde virtuel persistant (évoluant aussi lorsque le joueur n'est pas connecté).

De son coté, le travail trouve son origine dans le terme *tripalium*, qui désigne un instrument de torture romain utilisé pour punir les esclaves qui rechignaient à travailler.

L'opposition occidentale actuelle entre jeu et travail prend là son origine et reste encore une perception très implantée culturellement. Avec le temps, notre culture a amalgamé le travail aux notions de sérieux et d'importance, et le jeu en est devenu l'opposé. S'amuser serait donc le contraire du sérieux.

Pourtant, d'après Sigmund Freud, « l'opposé du jeu n'est pas le sérieux, mais la réalité ». En effet, l'une des caractéristiques du jeu est de faire semblant, de se projeter dans l'imaginaire, un univers fictionnel permettant de transposer les problèmes, les envies, les fantasmes au fil d'une narration permettant de les exprimer, mais aussi de les affronter.

Peut-on alors dire que l'imaginaire est l'opposé du sérieux ? En réalité, le jeu s'inscrit dans le plaisir intellectuel, l'un des trois types de plaisir recherchés par tout être humain. Le jeu s'inscrit dans le même registre que le cinéma, la littérature, le théâtre et tous les arts dont il est en partie issu.

Et pourtant il est antérieur à tous ces arts. Il est inné et inscrit en chacun de nous avant même que nous accédions à la culture. La notion ludique pure est donc un art qui ne relève ni de la paternité ni de la relation directe avec un autre, ce qui rend l'évolution du jeu vidéo vers un art unique, et sa reconnaissance en tant que tel, si longue et difficile. Le jeu a beau être inscrit naturellement en chacun de nous, il ne l'est pas dans notre culture. Au contraire, celle-ci le repousse et le nie, éliminant du jeu vidéo tout repère ou toute paternité qui pourrait provenir de jeux plus traditionnels, comme les jeux de cartes, de pions (dames, échecs, etc.).

Pourquoi ? Parce que le jeu n'a effectivement jamais eu sa place dans notre culture occidentale. Par conséquent, le jeu vidéo, souffrant de son aspect ludique, peine pour émerger en tant qu'art. Cela constitue en partie l'explication du succès et de la place prise par les jeux vidéo asiatiques, qui eux s'inscrivent dans une culture faisant la part belle au jeu.

Pour terminer cette réflexion et ce tour d'horizon sur la notion de jeu, terminons avec Roger Caillois[1], qui définit l'activité ludique en six points :

- **Libre :** l'activité doit être choisie pour conserver son caractère ludique ;
- **Séparée :** elle est circonscrite dans des limites d'espace et de temps ;
- **Incertaine :** son issue n'est pas connue à l'avance ;
- **Improductive :** elle ne produit ni biens ni richesses ;
- **Réglée :** elle est soumise à des règles qui suspendent les lois ordinaires ;
- **Fictive :** elle s'accompagne d'une conscience fictive de la réalité seconde.

Ces six caractéristiques nous permettent de mieux cerner la nature ludique du jeu vidéo. Sa paternité repose directement sur les deux grandes notions formant l'expression « jeu vidéo », à savoir le « jeu » et la « vidéo ».

Le jeu ramène naturellement à la dimension ludique et à l'amusement, comme chaque jeu est censé en générer, et tels que Roger Caillois les définit.

D'autre part, le jeu vidéo renvoit également à la notion de « vidéo », c'est-à-dire d'écran et ainsi à l'ensemble des arts dra-

(1) Roger Caillois, *Les Jeux et les Hommes*, Folio-Gallimard, 1992, éd. revue et augmentée.

matiques utilisant directement un écran et du son. On peut également affirmer qu'il appelle indirectement l'ensemble des arts visuels, sonores et dramatiques n'ayant pas de rapport direct avec un écran, ce dernier n'étant qu'une fenêtre à travers laquelle ils s'expriment. Tous ont pour mission de produire des émotions et nous verrons à quel point cette notion est désormais importante dans le monde du jeu vidéo.

2 S'amuser dans un jeu vidéo

On peut dire que tout jeu vidéo repose d'abord sur le jeu et l'amusement que celui-ci procure. La notion d'immersion, devenue fondamentale, car permise par la technologie et largement encouragée, n'est pas la condition première de l'amusement dans un jeu.

Un jeu peut posséder des graphismes médiocres, une programmation de débutant et ne coûter presque rien à fabriquer, tout en restant un exemple, une référence de plaisir ludique et un repère qualitatif. L'exemple évident est celui de Tetris, que nous connaissons tous, qui n'a nécessité que l'intervention d'un seul homme sur des machines à présent antédiluviennes, et qui continue d'avoir le même succès. Personne ne peut affirmer que Tetris est un mauvais jeu vidéo, car il remplit sa fonction première : celle de nous amuser. Pourtant, il est terriblement laid, très simple à programmer et il ne propose aucune immersion dramatique.

Pour être amusant, le jeu vidéo nécessite d'abord une proposition mécanique(1) correspondant à des usages et des comportements ludiques.

(1) On parle alors de « mécaniques de jeu ».

Nicole Lazzaro[1] classe les comportements de joueurs de jeu vidéo en quatre familles, quatre clés qui définissent à la fois des usages, des types de plaisir ainsi que des genres de jeu :

- **Le *hard fun* :** gagner, battre les adversaires, déjouer les obstacles et réussir les challenges. Les joueurs de cette catégorie jouent pour se mesurer à eux-mêmes ou aux autres. Pour eux, la victoire n'est pas le fait du hasard ;
- **L'*easy fun* :** découverte et immersion. Ces joueurs cherchent à explorer un monde capable de les exciter, d'éveiller leur curiosité, et à y croire. Pour eux, les conditions de réussite ou d'échec importent peu, ce qui compte, c'est d'arriver au bout de l'histoire ;
- **Le *serious fun* :** utiliser le jeu comme élément de transformation et d'amélioration de soi. Se vider l'esprit, se relaxer, se sentir mieux, éviter l'ennui, devenir meilleur ;
- **Le *people fun* :** jouer pour être avec les autres. S'amuser ensemble, rire, partager, interagir avec les autres est la motivation première.

Ces quatre types de comportement de joueurs sont une première définition de ce qu'est l'amusement produit par un jeu vidéo. On peut alors le classer par natures, définissant ainsi les quatre familles proposées par Nicole Lazarro.

3 Ressentir des émotions dans un jeu vidéo

Tous les joueurs de jeu vidéo le savent, lorsqu'un jeu nous amuse, il nous fait ressentir des sensations et même vivre des émotions au sens de manifestations physiques de notre ressenti.

(1) http://www.xeodesign.com/xeodesign_whyweplaygames.pdf

En effet, si la représentation et les arts figuratifs et dramatiques impliquent une immense palette d'émotions, il est incontestable que le jeu, par nature, est producteur d'émotions spécifiques. Qui ne s'est jamais énervé en ne réussissant pas un challenge ? Combien ont vécu des situations impliquant des mauvais joueurs, c'est-à-dire des participants n'acceptant pas la défaite, ce qui les amène à modifier leur comportement ?

Bernard Perron, chercheur canadien[1], classe les émotions procurées par les jeux vidéo selon trois catégories :

- **Les émotions fictionnelles :** « créer des moments qui ont un impact émotionnel fort et complexe ; utiliser des symboles dans le jeu et réaliser des cinématiques qui ont de l'impact et dans l'introduction et durant le jeu. Ces techniques s'intéressent aux modalités de l'histoire » ;
- **Les émotions artistiques :** « les émotions artistiques sont suscitées par la construction du récit, les tournures inattendues de l'intrigue » ;
- **Les émotions vidéoludiques :** « jouer à un jeu vidéo ne consiste pas seulement à comprendre une histoire, mais plutôt à résoudre des problèmes, à triompher d'obstacles, à affronter des adversaires, à explorer un monde virtuel, etc. Les actions du gamer et les réactions de ce monde vont bel et bien susciter des émotions “d'une autre nature”, des émotions vidéoludiques. »

(1) Bernard Perron : « Jeu vidéo et émotions », *Le Game design de jeux vidéo*, Sébastien Genvo (dir.), L'Harmattan, 2006 (disponible en PDF sur http://www.ludicine.ca/).

4 Définition d'une expérience de jeu vidéo

L'expérience de jeu est la synthèse des trois types d'émotion, bâtis sur des mécanismes de jeu et donc d'amusement, intelligemment mélangés avec une représentation artistique et une dramaturgie, de manière à ce que l'ensemble fasse sens et crée non seulement un plaisir, mais également une expérience capable de changer la perception que le joueur a du monde qui l'entoure. Car c'est bien là que se trouve l'avenir du jeu vidéo en tant qu'art : modifier la perception du monde par l'amusement et l'expérience interactive.

Expérience de jeu = Représentation + Mécanismes ludiques + Dramaturgie

	La forme (Représentation + Mécanismes ludiques)	**Le fond** (Dramaturgie)

Partant de ce principe, nous distinguons dans un jeu vidéo la forme et le fond (voir page 37 la figure *a*).

Par forme, nous entendons l'ensemble des éléments servant à la fabrication du jeu, que nous séparons en deux parties distinctes.

D'un coté, la partie « jeu », c'est-à-dire le gameplay et l'ensemble des mécanismes et éléments servant à l'interaction. De l'autre, la partie « vidéo », celle de la représentation qui englobe l'ensemble des éléments créant de l'immersion, en incluant tous les outils visuels et sonores.

Ensuite, le fond est généré par la dramaturgie. Le contexte, les personnages et leur histoire en sont la substance. Là où la représentation fait ressentir des émotions, le fond véhicule les valeurs et le message que les auteurs veulent transmettre.

De manière transversale, la tonalité est construite par chacune des deux catégories de forme. On peut ainsi parler de tonalité de gameplay comme on peut utiliser cette notion pour évoquer l'ambiance visuelle ou sonore.

L'univers appartient à la fois à la jouabilité, à la dramaturgie et à la représentation. Si l'on imagine aisément l'écriture d'un univers comme celui du monde réel avec ses règles, son histoire, ses personnages forts, et bien d'autres choses, l'univers d'un jeu vidéo ne s'imagine qu'en tenant compte du gameplay.

Il est toujours possible de construire des mécanismes ludiques efficaces à partir d'un univers déjà existant, mais si l'on veut créer un jeu capable de produire du sens et donc de s'étendre aux autres médias, l'univers devra être pensé en même temps que la dramaturgie et la jouabilité. Il doit être le résultat de tous les besoins, car chacun génère des contraintes spécifiques. L'identité visuelle et sonore prend elle aussi une part non négligeable, mais elle reste moins indispensable à la construction d'un univers cohérent. Sauf exception, elle l'influence mais n'en bâtit ni la cohérence ni le fond.

À la conception, chacune des deux parties composant la forme propose une promesse de ce que le joueur vivra et ressentira. Ainsi, la partie ludique définit la promesse interactive qu'un joueur peut imaginer sur le papier ou en voyant des écrans de jeu. De son coté, la représentation constitue une promesse immersive par l'univers qu'elle propose et la manière dont elle nous y plongera auditivement, visuellement, spatialement. Ces deux éléments sont les deux outils de l'auteur. Ils ne définissent en rien le fond de l'expérience que va vivre le joueur, mais sont au service de ce que les auteurs vont tenter de transmettre et de fabriquer.

Le fond est donc la partie abstraite de l'expérience du joueur. Qu'en ressortira-t-il, qu'aura-t-il vécu, en quoi aura-t-il changé ? Ces questions permettent de définir le fond d'une expérience de jeu vidéo. Dès la conception, les auteurs définissent une promesse de fun, c'est-à-dire une promesse d'amusement – ou peut-être devrions-nous dire de divertissement. Par ce mot, le jeu accède alors à la notion de plaisir pris à travers l'interaction, sans que cela corresponde forcément à des expériences positives. Si les jeux vidéo à venir vous font pleurer, ressentir de la culpabilité ou de l'inquiétude, il ne s'agira pas forcément d'une expérience amusante au sens premier du terme. Comme pour le cinéma, on parlera alors de divertissement, ce qui permet d'englober l'ensemble des expériences émotives et ne réduit pas le jeu à la catégorie du rire et de l'amusement.

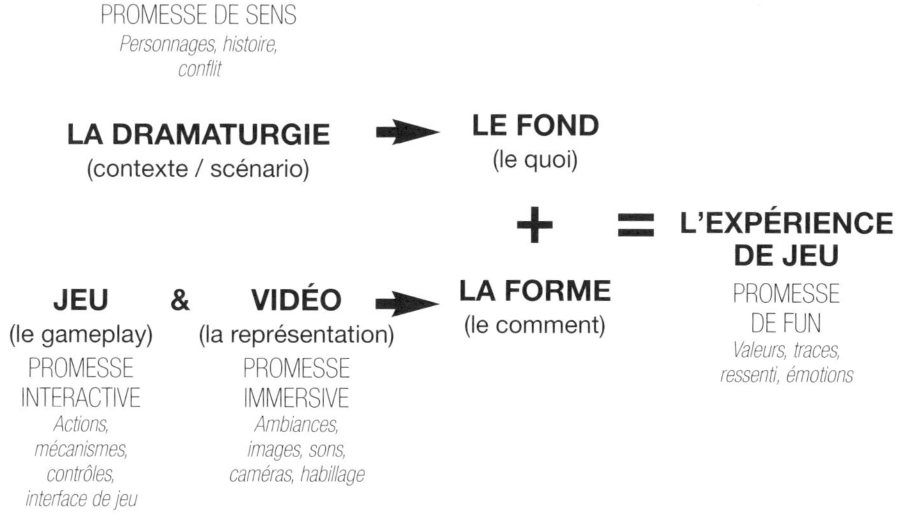

Figure *a* : définition de l'expérience de jeu

La technologie offre des possibilités d'images et de mises en scène si proches du cinéma qu'elles génèrent des émotions équivalentes. Et jouer provoque des émotions spécifiques. Aujourd'hui, l'association des deux permet une expérience culturelle majeure et porteuse de sens.

Fabriquer une expérience de jeu vidéo, désormais, ce n'est plus simplement inventer une mécanique de jeu. Il faut tenir compte des autres moyens et penser sur le modèle des autres arts, c'est-à-dire dans l'optique d'une œuvre véhiculant un message et produisant des sensations et des émotions fortes chez ceux qui s'y mesurent. Faire un jeu revient à utiliser les mécanismes du jeu, de la représentation et de la mise en scène pour dire quelque chose et le faire vivre à un joueur.

Chapitre 2

Identifier vos intentions

A- Première étape : définir le sens

Avant de commencer une création de jeu vidéo, il est primordial d'identifier ce que vous avez à dire et ce que vous voulez transmettre au joueur. En d'autres termes, il s'agit de définir le sujet et le point de vue que l'on désire adopter.

Par « sujet », il faut entendre le message que vous désirez communiquer. À l'instar des productions cinématographiques américaines de qualité, ce que vous allez faire vivre doit être le vecteur d'une idée forte, simple, attractive et universelle – simple ne voulant pas dire médiocre. Les proverbes que nous connaissons tous fournissent de bons exemples du type de message idéal, de sa simplicité et sa portée. Par exemple : « On a toujours besoin d'un plus petit que soi » fait appel au thème fédérateur de la différence et met en exergue des valeurs comme la fraternité, l'entraide, etc.

La conception d'un jeu vidéo commence donc par cette période de définition du thème abordé ainsi que d'une manière simple de l'exposer. L'idée doit être clairement exprimée et accessible à tous ceux à qui le jeu est destiné. L'objectif de cette étape de conception est de donner du sens en définissant un message universel qui servira de socle à l'expérience qu'offrira le jeu. Il est le point de départ de l'ensemble de la conception, du travail de réalisation et fabrication qui en découlera.

Ce travail peut être exécuté en groupe, à la manière hollywoodienne : plusieurs personnes contrôlent et définissent le message qu'elles désirent faire passer, privilégiant la cible à toucher, garantissant la bonne facture de la ligne éditoriale et sécurisant l'ensemble. Dans ce cadre, la qualité repose plus sur ces paramètres que sur l'originalité ou la création artistique en tant que telle.

Ce travail de création peut aussi être effectué par un auteur isolé qui décide lui-même de ce qu'il désire transmettre. La création personnelle offre une authenticité et une originalité créative fortes. Elle reste la seule véritable manière de dégager une identité, un style, mais elle est également la plus risquée. Les conceptions d'auteurs sont capables de traiter de thèmes difficiles, sans compromis et de s'adresser à des publics mûrs. Néanmoins, au-delà de l'aspect artistique, la question économique tranchera toujours et la décision finale du contenu reviendra tôt ou tard à un producteur. Dans le cinéma, les grands auteurs ont réglé la question en contrôlant les deux parties, les plus célèbres possédant leur propre société de production.

Cette étape du « quoi » n'est que le point de départ, et elle n'est rien sans la suivante. Définir un thème, un message et le point de vue que l'on souhaite montrer restent des étapes abordables pour beaucoup de personnes, sans nécessiter de talents artistiques particuliers. Le véritable talent, la réelle sensibilité artistique jaillit à l'étape du « comment », et c'est bien dans la fusion du « quoi » et du « comment », du fond et de la forme, que s'expriment les réelles qualités artistiques de création et de traitement. Définir un message universel est une tâche à la portée de nombreux cerveaux, mais pouvoir l'exprimer par le jeu, par une dramaturgie ou par une représentation relève d'une sensibilité et d'un talent rare et précieux.

B- Les 4F : fun, fond, forme et feeling

Les quatre initiales correspondent au « fun », au « fond », à la « forme » et au « feeling ». Elles représentent un outil original (que nous appellerons commodément « 4F ») qui permet de définir ses intentions et aide à les concrétiser.

Les étapes sont censées s'opérer dans l'ordre. En réalité, le processus est itératif. La première étape est toujours influencée par le travail à venir sur la deuxième et les retours en arrière sont fréquents. Le « ping-pong » entre les étapes constitue un processus à ne jamais bannir. Le principe du travail par « couches » est le cœur du processus de création. Il ne s'agit en aucun cas d'un cahier des charges qui se fabrique dès le début et que l'on suit aveuglément. Le travail de recherche est un trajet obscur et il faut régulièrement revenir en arrière. Tout l'intérêt des méthodes créatives n'est pas de remettre en question le principe du retour en arrière, mais bien de le maîtriser.

Les 4F sont donc un outil permettant d'identifier quatre grandes intentions. Elles font alors apparaître et mieux comprendre à la fois les émotions et la solidité du message universel et du point de vue.

Il est en effet très difficile de s'attaquer de front à la première étape. Savoir qu'il faut commencer par définir ses intentions est assez simple, mais il est plus compliqué de les identifier. Les 4F permettent donc de se poser les bonnes questions pour les faire apparaître.

1 *F* comme fun

Il s'agit de l'élément le plus impalpable de tous. Sans doute parce que ce qui est « fun » pour certains ne l'est pas pour d'autres. Le fun est votre objectif, puisque c'est ce que vous devez arriver à produire chez le joueur. Pour essayer de mieux comprendre comment y arriver, il est donc nécessaire de parvenir à le définir.

Le fun est l'amusement que le joueur ressent quand le jeu est bon et lui procure du plaisir. On peut raisonnablement penser que ce principe s'applique à tous les types de jeu et d'expérience. Le fun n'est pas forcément basé sur le rire, mais sur le fait de vivre quelque chose qui nous plaît. Ainsi, un joueur de *survival horror* a du fun s'il ressent un stress fort et qu'il vit une expérience de peur. Le fun ne se définit donc pas comme le fait de rire et vivre des émotions ou des sensations agréables, mais plutôt comme celui de vivre une expérience que l'on apprécie.

Image 1 : *Resident Evil (Capcom). Le traitement de la peur dans le jeu vidéo.*

Cette définition est importante, car elle permet de décloisonner la notion de fun, de ne pas l'associer uniquement à l'idée du rire, de la comédie et de la convivialité. La question de la promesse de fun est fondamentale pour chaque concepteur de jeu. Elle permet d'anticiper l'identité de l'expérience que l'on va chercher à fabriquer. Les réponses que l'on trouve permettent aussi de définir des sensations qui serviront de socle à l'expérience future. Les identifier permet de les concrétiser, de trouver des références et ainsi de les rendre plus concrètes, plus tangibles pour ceux qui ne participent pas à la création. Il devient alors plus aisé de les convaincre du bien-fondé de nos intentions créatives et de la direction que nous souhaitons prendre en tant que créateurs.

Étant aussi joueur, le concepteur ressent le même fun que le futur utilisateur. Pour lui, la question doit toujours être : « Pourquoi et comment le jeu va-t-il être fun ? »

Le fun s'anticipe grâce à des images et des sensations que le créateur ressent et qu'il cherche à explorer. C'est la raison principale à l'aspect réflexif de la démarche de création. Dans ce processus, le créateur cherche à reconstituer ses propres sensations pour ensuite les projeter, les reconstruire, les rendre concrètes. Pour cela, il utilise les outils de la narration, du gameplay, du graphisme et de la musique.

Cependant la concrétisation d'un ressenti est toujours imparfaite. Elle reste forcément personnelle, puisqu'elle est issue d'un processus réflexif. Mais elle fabrique une proposition nouvelle. La difficulté est alors de diminuer l'écart entre les intentions de l'auteur et l'interprétation concrète de sa proposition réalisée par les membres de l'équipe de développement – et plus tard, les joueurs.

Un concepteur ne doit pas travailler seul. Cela signifie qu'il doit avoir l'esprit ouvert et utiliser les réactions et les propositions des autres pour savoir si leur ressenti correspond à ce qu'il voulait originellement créer.

Une équipe de création doit anticiper, bien identifier les sensations qu'elle veut produire, être capable de les analyser et être consciente du décalage qui peut exister entre ce qu'elle pense faire et ce qu'elle est réellement en train de produire.

Une méthode efficace pour gérer la notion de fun

Je propose un outil très simple qui permet d'identifier des familles bien distinctes de fun. Cette analyse correspond à la démarche plus ou moins consciente de chaque client potentiel dans un magasin de jeu. Elle procède en trois phases liées à la séduction qu'exerce un jeu.

D'abord, le client voit la démonstration d'un jeu sur un écran vidéo. Ses yeux sont attirés, il regarde. Il est alors séduit ou non. Ce sont d'abord le contexte, le graphisme, l'aspect, le héros, l'univers et le type de jeu qui le séduisent et le font s'approcher de l'écran.

Dans un deuxième temps, il prend la manette en main et essaie le jeu. Dans les secondes qui suivent, son comportement s'infantilisera, c'est-à-dire qu'il jugera sans concession. Cette fois, c'est le gameplay, la qualité de son traitement, qui va définir la deuxième phase de séduction du jeu. Le joueur doit s'amuser tout de suite et ne pas avoir à lutter contre le jeu.

Enfin, si les deux premières étapes ont été réalisées avec succès, la troisième sera celle de l'installation du plaisir et de l'envie dans la durée. En clair, c'est ici une sorte d'addiction qui doit s'enclencher. Si le fond est bon, si le rythme est plaisant, alors le joueur aura envie de reprendre la manette, voire de ne pas la lâcher. Il jouera plusieurs minutes, au terme desquelles il aura envie de prolonger ce plaisir en achetant le jeu. La structure du jeu, son immersion et son gameplay, la construction du rythme, fabriquent l'addiction et le fun. C'est en réfléchissant à ce processus qu'un créateur peut identifier le fun et donc la manière de le fabriquer.

2 *F* comme fond

Définir le fond permet de donner du sens à un projet. En effet, même si l'on peut toujours considérer que sa mission est simplement de créer de l'amusement, un jeu doit néanmoins procurer une expérience profonde s'il veut remplir la fonction de divertissement qui est aujourd'hui la sienne.

Pour cerner le sens que doit véhiculer un jeu vidéo moderne, j'utilise deux outils d'analyse et de conception.

Les valeurs

Cet outil répond à la question suivante : « Quelles valeurs le jeu va-t-il transmettre aux joueurs ? »

La notion de valeurs doit principalement être entendue au sens moral. Définir les valeurs que le jeu va véhiculer vous permet de mieux cerner le message universel que vous allez élaborer et sur lequel reposera votre jeu.

Par exemple, vous pouvez choisir les valeurs fortes de l'amitié, l'équivalent du « Tous pour un, un pour tous » des mousquetaires. Dans ce cas, le jeu développera certainement une jouabilité coopérative dans laquelle les uns auront toujours besoin des autres.

La difficulté de ce travail est qu'il ne suffit pas seulement d'identifier son intention. Il s'agit surtout d'en imaginer sa transmission par le gameplay. Que vous choisissiez les valeurs de la persévérance, le respect ou l'amitié, votre jouabilité devra les exprimer et les faire jouer. L'explication de votre gameplay passera invariablement par l'évocation du message universel que vous défendez.

L'une des techniques que vous pourrez utiliser est celle de faire passer des valeurs en proposant l'expérimentation du contraire. On peut ainsi voir GTA (Grand Theft Auto) comme un jeu montrant ce qu'il ne faut pas faire pour transmettre l'importance des règles d'une société et de leur respect. Ce jeu de mafieux vous laisse libre de commettre les pires crimes et vous permet d'enfreindre les règles les plus élémentaires de la vie en société. Il vous met dans la peau d'un affranchi, d'un personnage libre de tout. Pourtant, en tant que joueur vous savez à quel moment vous enfreignez les règles de la communauté, car le monde autour de vous réagit. La violence et les réactions des personnages environnants soulignent les conséquences de vos actes, rappelant que vous ne pouvez pas franchir ces limites sans causer de tort aux autres dans la réalité.

Image 2 :
GTA (Rockstar). Incarnez un affranchi.

La trace

Le deuxième outil qui vous permet de définir le sens de votre jeu est la notion de trace. Elle répond à la question : « Que restera-t-il de votre jeu une fois que le joueur l'aura fini ? »

Il s'agit de savoir quel est son impact sur la perception que le joueur a du monde qui l'entoure. L'ambition de toute œuvre artistique est de laisser une trace, de changer une petite partie de vous, en vous faisant voir quelque chose du monde que vous n'aviez encore jamais vu, ou simplement de vous faire voir les choses d'une autre manière.

En tant que créateur, vous devez définir cette trace, quelles en sont ses caractéristiques et comment vous allez pouvoir aborder cette question dans votre jeu.

Trois caractéristiques majeures me semblent indispensables à comprendre lorsque l'on travaille sur cette notion :

- D'abord, la trace laissée n'est pas forcément liée à un message. En d'autres termes, ce n'est pas parce qu'un ouvrage n'est pas porteur de message qu'il ne laisse pas de trace ;
- Ensuite, la notion de trace repose sur l'idée de ne pas sortir intact de l'expérience. Pour qu'il y ait trace, il faut qu'il y ait émotions marquantes. Pour cela, votre jeu devra être impactant. L'impact n'est pas forcément une sensation superficielle, il peut également correspondre à une sensation dans la durée ;
- La trace appartient à un éventail de sensations assez large. La marque laissée par un jeu peut être d'ordre immersif, visuel, sonore, mais elle peut également être d'ordre intellectuel. Trois exemples de films permettent de mieux comprendre ces deux extrêmes :

> ➔ Premier exemple : celui du film *Transformers* (Michael Bay, 2007). Ce n'est pas par son message que ce film nous laisse une trace indélébile, c'est par ses images et ses séquences de combat entre robots. Jusqu'à ce que ce film soit visible sur nos écrans, ces images n'existaient pas. La possibilité de voir des robots géants parfaitement incrustés dans des décors réalistes et interagissant comme s'ils existaient vraiment représente un choc esthétique fort qui marque tous les spectateurs.
>
> ➔ Dans un registre voisin, la scène de débarquement du film *Il faut sauver le soldat Ryan* (Steven Spielberg, 1998) nous a tous marqués par son réalisme. Par la forme, Spielberg est parvenu à nous toucher, nous a amenés à réfléchir à la guerre et a ainsi porté un message universel sur cette horreur. Le réalisateur possède cette rare qualité de créer des traces en mêlant parfaitement le fond et la forme.
>
> ➔ Autre exemple : celui d'*Into the Wild* (Sean Penn, 2007). Ce film ne laisse pas indifférent, même s'il ne contient aucune image spectaculaire ou inédite. Aucune prouesse technique n'a permis de le fabriquer. Seul le message qu'il apporte nous touche, nous marque et nous fait réfléchir sur notre condition à l'intérieur de notre société moderne.

Le jeu vidéo ne se pose pas encore la question de la trace, car il ne manipule pas encore les outils de la dramaturgie. Néanmoins, c'est aujourd'hui la volonté de tous les grands studios de création de jeu vidéo. Il est donc important de savoir dans quel registre de trace vous désirez situer votre jeu. Voulez-vous créer un choc esthétique, un impact visuel ou immersif très fort, ou bien désirez-vous laisser une trace plus profonde ? Ou, même, préférez-vous mêler les deux ?

Il n'existe pas de méthode pour identifier ce que l'on veut dire. Soyez conscient de l'importance d'avoir un message universel et comprenez que vous lui donnerez de la profondeur en identifiant des valeurs et l'impact que vous voulez donner. C'est par ce processus que vous parviendrez à retranscrire cela dans votre gameplay, car il ne s'agira pas d'énoncer votre message... Il faudra le faire jouer.

3 *F* comme forme

La forme correspond à la manière dont vous toucherez les sens du joueur. C'est d'abord par elle que le joueur sera séduit et qu'il acceptera inconsciemment de plonger dans l'expérience que vous lui aurez préparée. Elle est ce qui sollicitera les sens du joueur, mais également le véhicule du fond. Cinq caractéristiques permettent de l'appréhender et de la définir de manière générale.

Le genre est la première caractéristique. Pour le concepteur, l'exercice consiste à définir son jeu dans un genre dramatique : comédie, drame sentimental, polar, comédie musicale, etc. Ne nous y trompons donc pas, il ne s'agit pas, comme on pourrait intuitivement le croire, de ranger le jeu dans une des catégories vidéoludiques traditionnelles : FPS(1), jeu de course, jeu d'aventure, etc. Ces catégories sont faites pour aider les vendeurs à mettre les boîtes en linéaires, ainsi que pour permettre aux distributeurs d'identifier les types de produits.

Ce travail permet de décloisonner le jeu vidéo et lui apporter de nouveaux attributs. En pensant votre jeu sous le filtre des genres cinématographiques et dramatiques, de nouvelles voies s'ouvrent. Par exemple, si vous décidez de faire une comédie musicale en utilisant un gameplay de jeu de plateformes, de nouveaux horizons s'offrent à vous.

Le contexte correspond à une deuxième caractéristique pertinente. Il s'agit principalement de l'univers dans lequel l'action s'effectue. Le type d'univers revêt une grande importance, car il positionne le ressenti dans un cadre codifié. Votre univers peut être noir, réaliste, cartoon, onirique, etc. En définissant le contexte, vous répondez à la question du « où » et du « quand ».

(1) FPS ou *first-person shooter* : jeu de tir subjectif dans lequel l'angle de vue simule le champ visuel du personnage incarné.

L'esthétique définit le style artistique dans lequel vous avez décidé de faire évoluer votre jeu. Le style artistique englobe la représentation graphique, l'aspect sonore, mais également l'ensemble de la manière dont les éléments du jeu sont représentés. La notion d'esthétique est à rapprocher du cinéma. Vous devrez ainsi vous demander si votre esthétique est de type expressionniste, réaliste, néoréaliste, photoréaliste, etc.

Le type de gameplay est la quatrième caractéristique formelle. Sans définir votre gameplay, il s'agit ici d'établir le modèle global selon lequel vous désirez orienter le jeu. S'agit-il d'un jeu de réflexe, d'un jeu mêlant de l'action assez simple avec une aventure, d'un jeu de réflexion, d'enquête, etc. ?

La tonalité, enfin, représente la cohérence des quatre autres caractéristiques. Doit-elle être positive, lumineuse, ou bien noire, triste, pessimiste, etc. ? À vous de la définir afin de mettre en cohérence le genre, le contexte, l'esthétique et le gameplay.

Pour concevoir votre jeu, reprenez chacune de ces cinq caractéristiques et faites l'exercice de les décrire en quelques lignes. Avoir en tête ce que l'on veut faire est insuffisant. Il faut le définir sur le papier. Quelques mots, quelques lignes suffisent pour rendre cela concret et se limiter à l'essentiel.

4 *F* comme feeling

Le feeling permet d'analyser et de définir tout ce qui va intervenir sur la sensibilité. Anticiper sur le feeling que l'on veut créer est difficile, car cela reste profondément abstrait. Il faut donc l'aborder par l'intermédiaire de trois questions qui aideront à concrétiser vos sensations. Là aussi, faites l'exercice de répondre à chaque question et d'écrire la réponse en quelques lignes, afin de vous focaliser sur l'essentiel.

a - Le ressenti général

Par ressenti, on parle d'une sensation profonde, qui s'étire sur la durée, et que le jeu construit lentement. Par exemple, la sensation de liberté, celle d'appartenir à une équipe, d'incarner quelqu'un de célèbre, etc.

Quelles sensations profondes vont dominer le jeu, à quoi le joueur va-t-il croire ?

b - Les émotions

Il s'agit d'identifier les trois types d'émotions que nous avons évoqués plus tôt : émotions fictionnelles, artistiques et vidéoludiques.

Définir les émotions fictionnelles

Pour concrétiser vos intentions fictionnelles, l'essentiel est de travailler et de définir la dramaturgie. Elle consiste à décrire le contexte : le « qui », le « quoi », le « où » et le « comment ». Vous devez donc définir les éléments suivants :

- Le héros et ses objectifs, le conflit ancré en lui et qu'il devra affronter ;
- L'opposant et ses objectifs ;
- La manière dont on désire traiter cela, c'est-à-dire le point de vue que l'on veut accorder à l'histoire.

Pour synthétiser cette dramaturgie, une aide précieuse peut être trouvée dans le choix parmi les trente-six familles dramatiques[1]. En effet, l'ensemble des situations dramatiques ou tragiques peut se rassembler sous trente-six types de situations, autour desquels il est possible d'innover à l'infini.

(1) *Les Trente-six Situations dramatiques* est un ouvrage de Georges Polti (né en 1868), faisant suite aux travaux de Goethe et de Gozzi. Il s'agit du nom de sa théorie, selon laquelle il existerait seulement trente-six situations dramatiques de base pour tout type de scénario.

Par exemple : « Venger un crime : un personnage venge le meurtre d'un autre personnage ». Vous pouvez inventer ou adapter l'histoire des *Dix petits nègres* sur le thème de la vengeance, il s'agira alors d'une manière originale de le traiter[1]. Seuls le temps, le travail et la pratique, vous permettront d'assimiler, d'apprendre et de comprendre ces outils. C'est également le cas de ceux que vous trouverez dans cet ouvrage.

Déterminer les émotions artistiques

Les émotions artistiques ne relèvent pas d'une conceptualisation construite et de l'utilisation de méthodologies, sauf dans la mise en œuvre future. Les techniques de mise en forme sont nombreuses, mais n'ont pas encore à être utilisées à cette étape.

Ici, il s'agit d'identifier la manière dont vous aller toucher le joueur, comment vous aller pénétrer sa sensibilité et « l'impacter ». Vous devez donc définir l'ambiance, la teinte, le ressenti général, l'état d'esprit dans lequel vous plongerez le joueur, la tonalité de mise en scène que vous utiliserez. Ces réponses seront le fruit de réflexions et de sensations venant des domaines de formalisation artistiques traditionnels.

- **Le style graphique**, le visuel, la lumière choisie, la colorimétrie générale, les différents types de décrochage possibles afin de créer des décalages de sensations pour mieux revenir au ressenti central, sont les éléments à définir ;

(1) Si vous désirez vous forger une connaissance solide sur la dramaturgie, la manière de construire des histoires, et utiliser assez rapidement des outils de création dans le domaine du scénario, je recommande vivement l'ouvrage d'Yves Lavandier, *La Dramaturgie* (Le Clown & l'enfant, 1997), et celui de Chistopher Vogler, *Le Guide du scénariste* (traduction de Francine Atoch, Dixit, 2009).

- L'image n'est pas que le fruit d'une création graphique, elle est aussi celui d'un **travail optique** comme le fait le cinéma. Tout jeu utilise une caméra, même si elle est virtuelle. Une caméra est un œil ouvert sur une réalité, qu'elle soit fictive ou non. Et un œil est capable de bouger, de regarder quelque chose de précis, de se fermer, de changer d'axe, de se focaliser sur quelque chose, etc. Le travail de l'optique, de la profondeur de champ, des mouvements de caméra, et même de la notion de montage, est un élément clé dans la conception de la tonalité que vous allez donner au jeu ;
- **Le son et la musique** réclament les mêmes exigences et le même type de réflexion que l'image. Ils restent souvent des parents pauvres, mais aujourd'hui tout le monde est conscient de l'importance du travail sonore ;
- Enfin, il faut réfléchir à **la mise en scène** au sens propre du terme, la position des acteurs dans l'espace, la façon dont ils bougent, parlent, agissent et interagissent. La manière dont s'articulent les scènes, la façon dont l'œuvre est structurée, que ce soit de façon micro ou macro, est aussi un élément primordial. Il suffit de penser à des films à la mise en scène atypique, tels que *Memento*, *Pulp Fiction* ou *Usual Suspects*, pour comprendre à quel point la manière dont on distribue les événements peut influer sur le ressenti et la compréhension générale.

Identifier les émotions vidéoludiques

Le troisième travail consiste à définir les émotions vidéoludiques que vous allez fabriquer et produire chez le joueur.

Rappelez-vous alors des différents types d'usage (compétitif, de découverte, sérieux ou à plusieurs) et ne perdez jamais de vue qu'un jeu est actif. L'action n'est pas toujours agressive, rapide, ou reposant sur les réflexes, mais le joueur reste celui qui dirige : « Un jeu est une suite de choix intéressants. »(1)

Les grandes questions que vous devez vous poser concernent les domaines suivants :

- Quel genre d'activité (action, réflexion, exploration, etc.) allez-vous proposer ?
- Quel type de rythme allez-vous imposer ?
- Quelle implication, quelle addiction allez-vous générer ?
- Quelle sensation générale allez-vous faire ressortir ?

Un jeu peut produire plusieurs types de ressenti : sensation de toute-puissance, de domination, de liberté, de fraternité et de partage (si vous imaginez un jeu collaboratif), sensation de frustration continuelle (si vous désirez déranger le joueur), etc.

Dans tous les cas, vous devrez vous poser les questions de la manipulation, du type de possibilités offertes au joueur et surtout du type d'action principale. Qu'allez-vous proposer tout au long du jeu ? Quelle action centrale de jeu allez-vous fabriquer ? Comment et pourquoi sera-t-elle amusante ? Comment façonnera-t-elle l'émotion vidéoludique que vous désirez produire ?

Ces trois émotions ne doivent pas être fabriquées séparément. Elles s'interconnectent et se servent mutuellement. C'est la cohérence de l'ensemble qui définira la qualité artistique et surtout la valeur de l'expérience que vivra le joueur. Cette cohérence ne se bâtit pas uniquement sur ces trois émotions, mais en synchronisation avec le message universel et le point de vue que vous désirez délivrer et que vous avez définis à la toute première étape.

(1) D'après Sid Meier, game designer reconnu comme l'un des plus grands créateurs, notamment pour la série de jeux Civilization.

Le travail de conception est d'autant plus difficile que pour identifier les émotions dans chacune des trois catégories, les synchroniser entre elles et les mettre en cohérence avec le message et le point de vue, vous devez aussi connaître les outils et les étapes de création qui vous permettent de concrétiser ces émotions. En d'autres termes, si la première étape est celle de la création du message et la deuxième celle de l'identification des émotions, la troisième est sans conteste celle de la structuration et de la définition des cœurs de contenu dans chacun des trois grands métiers. Vous devez alors définir le gameplay, la dramaturgie ainsi que la direction artistique globale (visuel, son et audiovisuel).

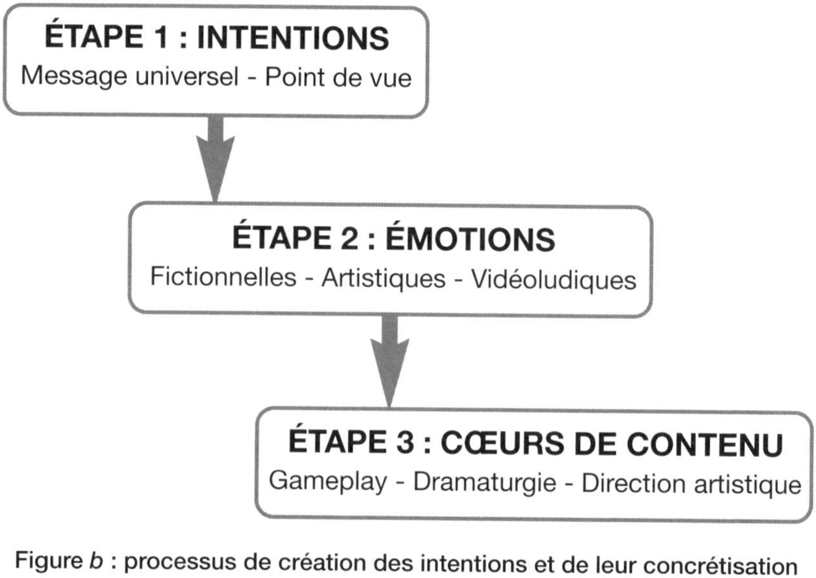

Figure *b* : processus de création des intentions et de leur concrétisation

Aucune de ces trois étapes ne peut s'effectuer sans un minimum de savoir-faire dans les trois, c'est pourquoi concevoir un jeu vidéo reste un travail particulièrement difficile, qui n'est qu'à l'aube d'un développement artistique extraordinaire.

c - L'identification

Au cinéma, l'identification est un phénomène étudié et maîtrisé qui fabrique une projection, une sorte de transfert du spectateur dans la peau du héros. Le spectateur voit avec les yeux du héros, le suit et « se prend » pour lui le temps du film. Plusieurs cinéastes se sont habilement amusés avec ce principe et il existe des techniques permettant de décaler l'identification, par exemple en donnant au spectateur des informations que le héros ne possède pas. Cela revient généralement à créer du suspens.

Dans le jeu vidéo, il existe également un phénomène d'identification, fonctionnant sur le même modèle que celui de l'identification au cinéma, mais avec sa spécificité de média : celle de l'interactivité. L'identification dans le jeu vidéo opère dans un champ de possibilités comprises entre deux extrêmes.

Le premier est le type d'identification tel qu'il existe au cinéma : le joueur est immergé dans une fiction, il incarne le héros du scénario. Le dispositif ludique, c'est-à-dire l'ensemble des éléments qui peuvent rappeler au joueur qu'il est dans un jeu, doit se fondre dans la fiction ou disparaître de la perception du joueur.

L'ensemble des outils de mise en scène du jeu doivent converger vers cet objectif. Les GUI (*graphic user interfaces*), c'est-à-dire les interfaces présentes à l'écran, doivent être gommées. Elles ne doivent apparaître qu'en cas de besoin ou être intelligemment intégrées au décor et à l'action. Par exemple, la jauge de vie du personnage de Dead Space (EA, 2008) est représentée par une colonne vertébrale bleue, segmentée en plusieurs parties, intégrée à l'armure de combat du héros. Quand le personnage perd de la vie, des parties s'éteignent en commençant par celles du haut. Cette symbolisation de la vie du personnage à travers sa combinaison de combat est une méthode efficace pour intégrer la traditionnelle jauge de vie au sein de la fiction. Le joueur l'a toujours sous les yeux, mais il ne la perçoit plus de la même manière. Dans ce type de jeu, la notion narrative est très importante. Il est indispensable que le joueur/héros soit immergé à l'intérieur d'un monde fictionnel crédible.

Image 3 : *Dead Space (EA). La jauge de vie est intégrée dans le dos du héros.*

La deuxième façon de travailler l'identification du joueur est de prendre le contre-pied de cela. Il s'agit de faire clairement assumer son rôle de joueur à l'utilisateur. Dans ce cadre, il est bien conscient qu'il joue à un jeu, seul ou avec des amis. Il contrôle un pion, les règles du jeu sont régulièrement rappelées. On est alors dans un jeu systémique, beaucoup moins narratif. Les GUI sont systématiquement présentes à l'écran et l'ensemble du jeu doit rappeler au joueur l'environnement ludique. La notion de hors cadre, alors qu'elle est habituellement bannie au cinéma, est là constamment utilisée. Le hors cadre consiste à rappeler l'appareillage qui entoure et permet de fabriquer la fiction. Dans un film, voir le micro entrer dans le champ de vision de la caméra est un hors cadre. Cela a pour effet de sortir le spectateur de l'état d'immersion. C'est pourquoi, sauf cas particulier, ce type de plan est généralement évité au cinéma. Ici, montrer les manettes ou la console elle-même pour mieux expliquer une procédure représente une solution adaptée pour bien rappeler au joueur qu'il est dans un jeu.

Figure *c* : axe d'identification du joueur

Les deux extrêmes de l'identification ne sont pas à opposer systématiquement. Un jeu peut posséder à la fois les deux types d'identification. Il faut savoir en faire un savant dosage, selon la manière dont on désire positionner le jeu. Ressenti, émotions et identification sont les trois éléments clés qui permettent de positionner l'expérience du jeu selon la perception qu'elle produira chez le joueur.

d - Outils optionnels

Deux outils supplémentaires permettent d'aborder ces questions en les enrichissant de deux autres notions apportant encore un peu plus de détail et affinant le point de vue de la création.

◈ L'empathie

Sa force est de toucher directement celui qui agit. L'empathie consiste à faire ressentir au joueur la responsabilité de ses actes en leur attribuant une conséquence morale à l'intérieur de la fiction. Selon ses actions, le joueur influence l'univers qui l'entoure, produisant des conséquences regrettables ou qui au minimum le toucheront. Un joueur peut éprouver des regrets non seulement parce que sa mission a échoué, mais aussi en raison des conséquences que cela implique, comme des « dommages collatéraux ». Par exemple, si l'on doit supprimer un tireur embusqué mais que sa roquette atteint sa cible, la conséquence pourra être la destruction d'un car scolaire rempli d'enfants arrêté au même feu rouge...

Dans Modern Warfare 2 (série des Call of Duty, Activision, 2009), vous avez le choix de participer ou non, selon votre sensibilité, à une mission d'infiltration dans un groupe de terroristes, arrivant dans un aéroport russe. Le groupe dont vous faites partie sort d'un ascenseur et se retrouve à l'intérieur de l'aérogare, où des passagers attendent leur avion. Après quelques instants non interactifs, la mission débute et les membres de votre groupe, que vous ne contrôlez pas, se mettent à tirer dans la foule et à massacrer des dizaines d'innocents. Votre réflexe sera sûrement de tirer comme les autres. Mais le poids moral d'un tel acte peut vous écraser brutalement – notamment par la violence rare de la scène – et vous empêcher de tirer sur les gens ou vous faire regretter d'avoir utilisé votre arme. Quel que soit votre choix, la suite du jeu restera inchangée, mais votre perception des événements sera bouleversée. Vous ne serez plus si sûr d'être un « gentil » dans un contexte de jeu où le manichéisme traditionnel est malmené.

Image 4 : Modern Warfare 2 (Activision). Infiltrez des terroristes et affrontez une situation de massacre d'innocents.

La nature comportementale de l'expérience

Elle correspond à l'attitude que vous allez faire adopter au joueur. On dégage trois types d'expérience : progressive, transgressive et régressive.

L'expérience progressive peut être proposée à tous les publics. Elle fera adopter au joueur une attitude constructive, lui demandant d'aller de l'avant, de sauver quelqu'un, le monde, de construire quelque chose, etc. Cette expérience est de nature positive et correspond généralement au très grand public.

L'expérience transgressive est celle du refus et de la remise en question. Elle correspond à une tranche d'âge précise, commençant vers 11 ans et se poursuivant tout au long de l'adolescence. Elle génère une attitude rebelle : ne pas suivre les règles, les remettre en cause, chercher sa liberté en premier lieu. La série des GTA utilise ce type de comportement. Les créateurs, pleinement conscients de la nature de l'expérience que le jeu fournit, n'hésitent pas à donner toutes les armes pour aller à l'encontre des règles établies. En plus d'éjecter des conducteurs pour prendre leur voiture, on peut voler celles de la police, remettre encore plus en question l'ordre établi, ce qui procure toujours plus de plaisir au joueur.

➡ **L'expérience régressive** correspond à une sorte de retour primitif, au fait de déconstruire, de simplifier, de casser, de se défouler et de se permettre tout ce que nos instincts nous dictent, mais que l'éducation et la vie en société nous empêchent de faire. Un jeu de tir qui ne vous plonge pas dans une histoire mais vous offre simplement le loisir de massacrer un maximum de monstres en est une bonne illustration.

Chapitre 3

Le gameplay

A- Un art essentiel

La jouabilité est l'élément le plus important d'un jeu vidéo, car l'activité principale d'un joueur est justement de jouer. Cela peut paraître naïf, mais combien se sont perdus dans l'histoire, le graphisme ou la programmation... Il ne s'agit pas de dire que ces éléments ne sont pas indispensables. Ils possèdent tous une importance primordiale, car sans eux le jeu ne peut exister. Néanmoins, il est possible de faire un jeu vidéo extraordinaire avec un graphisme minimum, un niveau de programmation basique et des sons minimalistes. Ce sont les Tetris ou les Pac-Man sur lesquels avons passé des heures.

En revanche, il est impossible de faire un bon jeu avec une jouabilité médiocre ou inexistante, quels que soient les niveaux de graphisme ou de technologie employés.

Certes, notre époque est plus au papier cadeau qu'au contenu du paquet, mais les joueurs savent reconnaître un bon jeu. Une partie des problèmes de l'industrie du jeu repose sur les produits parfois clinquants qui sont proposés, mettant en avant les qualités graphiques ou technologiques, alors que le jeu est sans intérêt et que le joueur le laissera tomber au bout de dix minutes.

Aujourd'hui encore, pour accorder des aides financières aux productions de jeux vidéo, le Centre national du cinéma demande aux créateurs de mettre en avant l'univers et l'histoire, de démontrer l'originalité de la création. Et dans ce domaine, le critère à remplir n'est pas la proposition d'un bon gameplay, mais celle d'une fiction originale. On voit aisément à quel point la jouabilité, c'est-à-dire l'art de créer du jeu, n'est pas encore reconnue comme un élément déterminant, même par les plus hautes instances de la création en France. Le gameplay est l'essence même du jeu. D'après l'acteur Jean Gabin, un bon film est avant tout une bonne histoire. On pourrait dire qu'un bon jeu vidéo est avant tout une bonne jouabilité.

L'art du gameplay n'est pas celui du dessin ou de l'écriture, il ne correspond pas à une activité tangible, car il ne se concrétise que lorsqu'il a été programmé. Un game designer californien de Disney Interactive, venu valider notre travail sur La Chasse au miel de Tigrou (que nous développions vers les années 2000), soulignait la difficulté à expliquer le métier en utilisant l'image du recruteur et du candidat en entretien d'embauche :

« Vous savez dessiner ?

– Euh, non pas très bien. Je sais faire des schémas mais je ne suis pas graphiste.

– Ah bon. Et bien alors vous savez programmer, sans doute ?

– Pas du tout. Je connais un peu la technique et la programmation, mais superficiellement. Je peux parler avec des programmeurs et on peut se comprendre, mais je ne sais pas écrire des lignes de code et programmer un jeu ou même une petite partie.

– Ah d'accord, mais alors vous connaissez les chiffres. Vous savez gérer le planning et les budgets, vous savez diriger l'équipe pour qu'elle soit à l'heure ?

– Euh, non. Non plus...

– Mais alors, qu'est-ce que vous savez faire ? »

Le candidat aurait pu répondre : « Je sais inventer le jeu et garantir que le joueur s'amuse. » Seulement cette phrase n'aurait pas eu de sens aux oreilles d'un recruteur. Il est facile de savoir si l'on sait dessiner : mettez-vous devant une feuille et vous verrez immédiatement la qualité de votre trait. Il est aussi aisé de voir si l'on sait programmer ou pas. Devant l'écran, si vous ne savez pas faire, vous n'arriverez à rien.

Pourtant, on pense facilement que l'on sait ce qu'il faut mettre dans un jeu. Le game design souffre du même problème que le scénario : tout le monde à l'impression qu'il peut en réaliser un. Mais ne croyez pas que scénariste soit un métier accessible à n'importe qui. Être scénariste demande une excellente connaissance de la dramaturgie et des techniques qui lui sont associées. Dans le cas du game design, comme pour le scénario, ce n'est pas parce que l'on sait écrire, disposer des mots de façon linéaire, que l'on sait réellement donner du sens à ses phrases.

J'utilise souvent l'analogie de la construction d'une maison pour expliquer la création d'un jeu vidéo. Le travail du game designer est le même que celui de l'architecte. Sa préoccupation principale est la cohérence de l'expérience de vie des habitants, plus que la longueur des canalisations ou la hauteur de plafond.

Pour le game designer, l'objectif est de fabriquer l'expérience de jeu. Comme l'architecte ou le scénariste, son travail est le fruit d'un savoir et de l'utilisation de techniques longues à identifier. Ces techniques sont le lexique du langage vidéoludique. Elles permettent de structurer la création du gameplay et de lui donner du sens, de la même manière qu'il existe des techniques dramaturgiques ou un langage cinématographique.

B- Les douze principes de gameplay

Connaître et maîtriser ces principes évite de jouer à l'apprenti sorcier. Avant que ces outils soient identifiés, la plupart des jeux résultaient d'une écriture totalement réflexive. Les créateurs tentaient de fabriquer le jeu auquel ils avaient envie de jouer, en se basant sur le savoir empirique d'un ou plusieurs game designers, ceux qui concevaient les projets. Leur savoir-faire personnel leur permettait d'éviter certains pièges ou de structurer les choses « au feeling », avec des résultats parfois bons, parfois moins.

1 Micro-gameplay

Le micro-gameplay se retrouve à chaque instant d'un jeu. Dans le milieu professionnel, pour présenter un nouveau projet de jeu, on utilise généralement un descriptif appelé les « cinq minutes de gameplay ». Que se passe-t-il pendant ce laps de temps, quelles sont les possibilités du joueur, qu'est-ce qu'il va faire, comment, que devra-t-il affronter et quels seront ses moyens pour faire face à ces obstacles ?

Le micro-gameplay défini donc la notion d'instantané, de zoom, dans ce qui fabrique le jeu. Il définit la couche des actions. Il s'oppose au macro-gameplay, qui définit des notions plus structurelles, une couche supérieure permettant d'organiser le jeu, une sorte de squelette, là où le micro-gameplay correspond à la chair et aux tissus de surface.

Les six principes que nous allons voir maintenant constituent six micro-outils qui vous permettront de créer et de maîtriser votre micro-gameplay.

a - Le cœur de jeu

C'est le premier principe, et le plus important de tous. Si vous deviez n'en retenir qu'un, ce serait celui-là. Le cœur de jeu est le mécanisme de jeu central, à partir duquel l'essentiel du gameplay va se construire. En d'autres termes, il est ce qu'un joueur fait le plus souvent tout au long du jeu. Il définit presque à lui tout seul l'identité du jeu.

Par exemple, le cœur des jeux de courses de voitures est le pilotage du véhicule. La qualité de pilotage offerte, c'est-à-dire la qualité du plaisir donné par le contrôle du véhicule, représente le cœur de jeu. Piloter est bien ce que vous faites le plus souvent dans un jeu de voitures. Cela peut paraître évident, pourtant les créateurs s'en éloignent la plupart du temps. Avoir le nez dans la création empêche le recul et le bon sens, ceux qui vous permettent de ne pas oublier les évidences.

Pour concevoir un jeu, il faut prendre le temps de vérifier que le cœur de jeu possède bien les trois caractéristiques qui suivent :

- Il représente souvent **90 % du temps total de jeu.** Il ne faut pas prendre ce pourcentage comme valeur fixe, mais cela représente l'idée que le cœur doit occuper l'essentiel du temps de jeu ;
- Un bon cœur de jeu possède **un potentiel de fun infini.** Cela signifie qu'il est naturellement amusant, que d'infimes variations suffisent à créer de la richesse et qu'il peut engendrer un ensemble de combinaisons et de situations proche de l'infini. Pour reprendre l'exemple des courses de voitures, si le contrôle de la voiture est bon, s'il y a du plaisir à la contrôler, à la piloter, alors il existe une infinité de circuits et d'enchaînements de virages. Dans l'absolu, recommencer les mêmes circuits est déjà un plaisir ;

- Un cœur de jeu est un mécanisme central autour duquel des organes doivent pouvoir se greffer. Ceux-ci apporteront une démultiplication de son potentiel de fun, enrichissant les variations et les familles de situations de jeu qu'il est déjà naturellement capable de proposer. Cette notion est celle des **briques de gameplay.**

Pour mieux appréhender la notion de cœur de jeu, les quelques exemples qui suivent montrent comment appliquer le principe à certains genres majeurs.

Le cœur de jeu des FPS (*first-person shooter*)

Prenons l'exemple du FPS, ou jeu de tir subjectif, comme Doom, Quake, Unreal, Counter-Strike, Half-Life, la série des Call of Duty, etc. Le cœur des FPS repose sur deux actions, que le joueur doit apprendre à synchroniser :

- Déplacer son personnage en *first-person* (caméra simulant le regard du personnage) ;
- Viser quelque chose qui se trouve autour de lui.

Image 5 : *Call of Duty (Activision). Une célèbre série de FPS.*

Si le déplacement du personnage est de bonne qualité et si la visée est bien réalisée, alors le jeu doit être réussi. On a vu sortir plusieurs FPS à la qualité de déplacements médiocre et aux systèmes de visée frustrants. Dans ceux que j'ai cités précédemment, la vitesse de déplacement et la rapidité de la visée, c'est-à-dire les réglages du système central, définissent directement un genre dans le FPS. Les Unreal et Counter-Strike sont extrêmement rapides, ce sont les jeux utilisés par les *pro-gamers*, c'est-à-dire les joueurs qui se professionnalisent en s'affrontant dans des compétitions officielles, organisées un peu partout dans le monde.

Un bon FPS doit obligatoirement être dans la trame, c'est-à-dire gérer les actions du monde et du joueur à chaque cinquantième de seconde. Cette rythmique correspond à la périodicité électrique de l'affichage des moniteurs. Le balayage de l'écran s'opère tous les cinquantièmes de seconde, offrant alors une possibilité d'interaction optimale à la programmation du jeu. Ce principe de balayage conditionne la rapidité d'interaction jeu/joueur. On dit alors qu'il est à cinquante images seconde, ou « dans la trame ». Il est à noter que ce chiffre n'est valable que pour les pays utilisant des moniteurs à 50 hertz, soit les pays européens. Aux États-Unis et au Japon, le balayage est à 60 hertz, ce qui rend la programmation un peu plus difficile.

Avoir un jeu dans la trame est la première condition qualitative de réalisation d'un jeu d'action. Ce type de jeu demande au joueur d'avoir des réflexes et d'agir vite, il faut que la machine, c'est-à-dire le jeu, puisse réagir aussi vite. Cette notion n'est pas liée uniquement au FPS. Néanmoins, elle est particulièrement sensible dans ce genre de jeu.

Le cœur de jeu des jeux de plateformes

Même si le genre est un peu tombé en désuétude, le jeu de plateformes continue à exister grâce à l'éternel Mario. Tout le monde connaît ce type de jeu où le personnage court et saute pour sauver le monde ou une princesse. Le cœur de ces *platformers* est bien celui qui saute aux yeux : il s'agit de courir et de sauter. Si le déplacement du personnage est imprécis, s'il est lent, s'il possède une inertie, l'âme ludique sera certainement mauvaise.

Le saut, lui aussi, conditionne directement la qualité du cœur d'un jeu de plateformes. S'il est trop court ou trop long, s'il est réaliste, c'est-à-dire s'il ne vous offre pas la possibilité de revenir en arrière en plein saut, alors vous n'aurez pas un bon contrôle du personnage.

Les personnages que vous rencontrez, les décors, ne sont qu'un prolongement. Ils sont conçus à partir des distances étalons que votre personnage peut franchir.

Pour que le cœur soit bon, il faut que le déplacement basique soit naturellement fun. Si vous déplacez votre personnage avec plaisir, si c'est amusant de le faire courir, revenir en arrière, sauter, etc., si l'on arrive à passer plusieurs minutes à cela en s'amusant, alors le jeu sera bon. En effet, comme dans tous les jeux se basant sur le déplacement, si ce dernier est efficace, le jeu aura toutes les chances de l'être aussi. En revanche, si c'est un échec, le jeu sera mauvais, c'est une certitude.

Le cœur de jeu d'un Gran Turismo (Sony)

J'ai déjà abordé le cœur des jeux de conduite, mais ici l'exemple de Gran Turismo permet d'expliquer comment un cœur unique peut être décliné en plusieurs activités qui semblent différentes pour le joueur, mais qui relèvent pourtant toujours de la même interaction centrale : piloter.

Les trois quarts du temps se passent sur des circuits, à essayer de battre des concurrents lors de courses. Mais pour donner un peu de rythme à tout cela, les créateurs ont habilement décliné le gameplay de pilotage. Ainsi, vous pouvez également piloter des voitures de rallye en apprenant à maîtriser le dérapage, vous sortant de l'univers des courses, mais, finalement, vous faisant jouer à la même chose. Vous pouvez aussi passer des permis. Plusieurs épreuves sont à réussir, contrôler sa vitesse, son freinage, sa prise de courbes, etc. Le jeu prévoit également le pilotage de motos, de véhicules prototypes. Dans ce cadre, le jeu décompose son cœur et vous fait jouer séparément à chacun des éléments, que vous retrouvez tous lors des courses.

C'est dans le traitement du cœur de jeu que cet exemple est intéressant. Il montre bien à quel point un noyau de jeu puissant peut être décliné à l'infini et procurer toujours plus de fun.

Image 6 :
Gran Turismo (Sony).
Plusieurs mini-jeux exploitent le cœur de jeu.

Pourtant, les jeux bâtis sur un seul cœur sont minoritaires. La plupart des productions sont en fait des « multicœurs ». En effet, pour posséder un cœur unique, il faudrait que la puissance de fun contenue dans ce noyau soit extrêmement importante, quasi sans limites.

Certains jeux sont des « bicœurs », reposant sur deux cœurs de jeu. Aucun des deux ne suffirait à faire un jeu complet, mais leur association offre un parfum de métissage qui reste agréable, malgré l'imperfection et les limites de chaque cœur. Ils peuvent être des gameplays originaux, ou constituer des noyaux de jeu potentiellement uniques, mais limités dans leurs possibilités.

Uncharted et Tomb Raider : les bicœurs

Prenons l'exemple d'Uncharted (1 ou 2), qui n'est rien d'autre que le nouveau Tomb Raider. De quoi est fait ce jeu ? Deux cœurs construisent son gameplay. D'un coté, il présente un cœur de jeu de plateformes, de l'autre, un noyau de jeu de tir, le tout à la troisième personne, c'est-à-dire avec une caméra extérieure au personnage, permettant donc de le montrer en pied.

Le premier cœur, le platformer, est loin d'un Mario, puisque certaines caractéristiques sont bridées. Il est impossible de revenir en arrière en plein saut, le personnage est assez lent. En d'autres termes, là où Mario peut virevolter et répond au doigt et à l'œil à chacune de vos sollicitations, Drake (le héros d'Uncharted) doit avoir fini le mouvement qu'il est train de faire avant de passer au suivant. Vous ne pouvez donc pas lui demander n'importe quoi n'importe quand. Le côté plateforme d'Uncharted se veut réaliste, car le jeu cherche à immerger le joueur dans une fiction. Le cœur du jeu de plateformes s'en trouve donc limité, ce qui ne veut pas dire qu'il est de mauvaise qualité.

De son coté, le jeu de tir est à la troisième personne et interdit le ciblage automatique. Le noyau du jeu repose sur un principe simple : savoir se cacher derrière des éléments du décor et viser les cibles quand elles ne vous tirent pas dessus. Le mécanisme de gestion des munitions et des fins de chargeur est primordial. À vous de trouver le meilleur moment pour tirer ou changer de cachette. Ce système de tir est de bonne qualité, même s'il est un peu limité pour réaliser un jeu complet. On remarque d'ailleurs que même Gears of War, le jeu d'Epic Games utilisant ce système comme cœur central et unique, a régulièrement recours à d'autres « mini-cœurs » de jeu ponctuels afin de créer du rythme.

Image 7 :
Uncharted 2 (Sony).
Deux cœurs de jeu équilibrés.

Zelda (Nintendo), le véritable multicœur

Zelda est l'exemple typique du jeu ne reposant pas simplement sur un, deux ou trois cœurs de jeu. À chaque nouvelle fonctionnalité du héros, un nouveau noyau de jeu est ajouté.

Même si les cœurs de départ restent ceux du combat, de l'exploration et de la résolution d'énigmes, de nombreux autres viennent se rajouter à mesure que le joueur avance. Vous pouvez monter à cheval, tirer à l'arc, prendre le contrôle d'un loup (dans le Zelda sorti sur la Wii), etc. Chaque arme, qu'il s'agisse du lance-pierres, de l'arc, du boomerang, définit un nouveau gameplay, un nouveau cœur, même limité, que Nintendo exploite à fond, démultipliant les situations de jeu, mais aussi le temps total nécessaire pour aller au bout de l'aventure. Pour réussir un jeu de cette taille, avec autant de noyaux de jeu, c'est-à-dire avec autant d'exigences, la qualité du travail des créateurs et l'ampleur des budgets engagés sont très importantes.

Il n'est donc pas obligatoire de se limiter à deux cœurs de jeu. En réalité, le nombre de cœurs de jeu dépend de la qualité de chacun d'eux, de leur puissance de fun et donc du temps de jeu qu'ils vous permettront d'offrir aux joueurs.

Seules les contraintes de production vous fixeront des limites, car il est beaucoup plus cher de fabriquer plusieurs cœurs qu'un seul. Mais il est aussi beaucoup plus difficile de concevoir un unique cœur qui possède suffisamment de puissance de fun pour vous permettre de faire un jeu complet, voire plusieurs jeux.

Image 8 : *Zelda Twilight Princess (Nintendo). L'exemple typique de multicœur.*

Un cas extrême : les *party games*

Les jeux les plus difficiles à concevoir restent certainement les *party games*. J'ai eu l'occasion de travailler sur trois jeux de ce type, et la difficulté est inversement proportionnelle à l'idée de facilité que l'on s'en fait en se disant qu'il s'agit « juste » de faire des mini-jeux. En effet, il n'y a rien de plus facile que de rater des mini-jeux. Le party game est un cas extrême du principe de cœur de jeu, car il ne déroge pas à la règle : les créateurs doivent construire un bon cœur pour chaque mini-jeu.

Concevoir un noyau de jeu efficace, même si cela ne suffit pas pour réaliser dix heures de jeu, est déjà difficile. En concevoir plusieurs dizaines, qui soient tous de qualité, est une tâche quasi impossible – sauf si vous êtes Nintendo et que vous recyclez les bons prototypes de vos laboratoires de recherche en gameplay.

b - Les briques de gameplay

Les briques de gameplay sont les Lego de la jouabilité. Elles définissent la notion de combinatoires. Les briques sont au gameplay ce que les mots sont aux phrases. Leurs caractéristiques sont les suivantes :

- Une brique est un **élément satellite au cœur de jeu.** Elle n'est pas le noyau de jeu, elle vient juste se rajouter au cœur de jeu ;
- Une brique vient obligatoirement **enrichir les possibilités du cœur de jeu.** Cela signifie qu'en l'utilisant vous avez la possibilité de créer une nouvelle famille de situations de jeu.
- Les briques peuvent **s'emboîter entre elles** afin de créer des situations de jeu. Selon le type de jeu, les règles d'association de briques sont différentes.

Les briques sont le deuxième élément essentiel d'un jeu. Le cœur doit toujours obligatoirement être bon, ce qui signifie que vous pouvez vous amuser un petit moment rien qu'en l'utilisant. Néanmoins, les briques que vous rajoutez vont amener de la diversité, mais aussi les moyens de créer du rythme et de la difficulté. Sans les briques de gameplay, votre jeu peut durer seulement trente minutes. Avec elles, il peut s'étirer au moins sur huit heures, voire beaucoup plus longtemps.

Les jeux de plateformes

C'est l'exemple de référence, car il est facile à comprendre et les possibilités qu'il apporte sont nombreuses. Le cœur du jeu de plateformes est le « courir/sauter ». S'il est correctement pensé et réalisé, votre personnage saute plus ou moins loin selon le temps pendant lequel vous appuyez sur le bouton. Un temps maximum (une seconde, par exemple) définit la puissance maximale que vous donnez au saut. Des possibilités de distances variables vous sont offertes selon l'orientation du saut, verticalement, horizontalement ou en diagonale.

Partant de là, les premières briques de jeu sont celles du terrain de jeu, c'est-à-dire les trous par-dessus lesquels vous devez sauter. Une grande variété de sauts et de directions sont offertes selon la distance et la hauteur de votre destination.

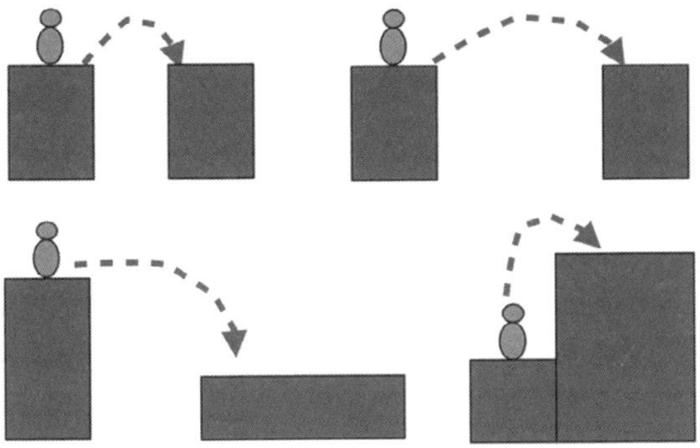

Figure *d* : situations simples issues de la topologie

Une deuxième série de briques correspond aux plateformes elles-mêmes. Une plateforme est un petit morceau de terrain sur lequel vous pouvez sauter. Il en existe de tous les types. Chaque type correspond à une brique. Vous aurez, par exemple :

- **La plateforme fixe :** elle reste en place, ne subit aucune transformation ;

Figure *e* : plateformes fixes basiques

- **La plateforme mobile :** soit elle se déplace de manière cyclique, refaisant toujours le même trajet, soit elle se déclenche quand vous vous approchez d'elle. Elle peut alors avoir une trajectoire unique, qui ne se répète pas. Une infinité de courbes de déplacement et de vitesse s'offre à vous. Vous pouvez avoir une vitesse linéaire, ou au contraire subissant des accélérations ou des ralentissements ;

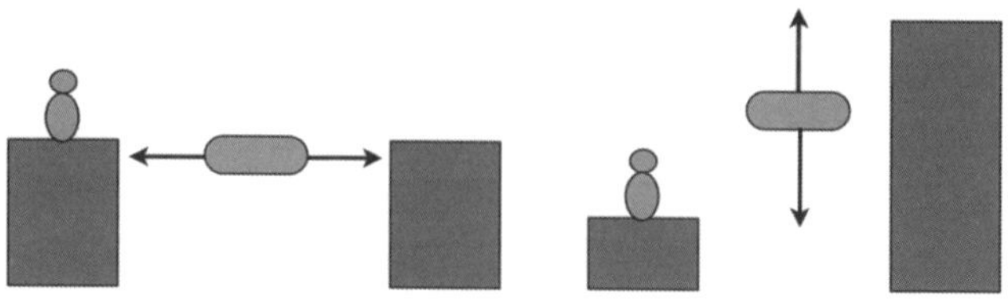

Figure *f* : plateformes mobiles

- **La plateforme rotative :** périodiquement, elle se renverse. Vous ne pouvez alors pas poser le pied dessus. Si vous arrivez à ce moment-là, vous tombez. On peut aussi imaginer que l'une de ses deux faces (le dessus ou le dessous) soit une surface mortelle ;

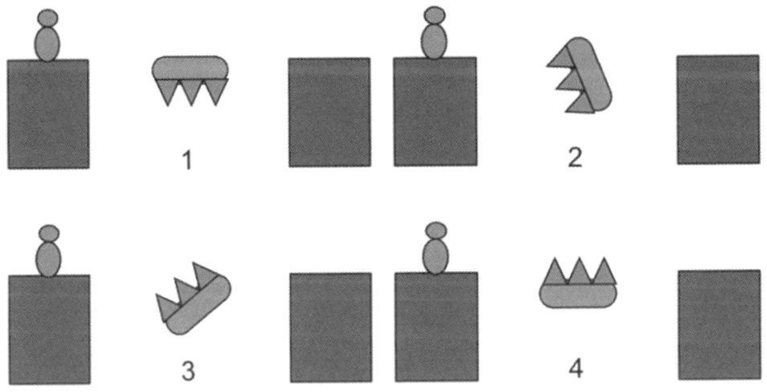

Figure *g* : plateformes rotatives avec une face mortelle

- **La plateforme évanescente :** lorsque vous mettez le pied dessus, vous ne disposez que de quelques secondes pour bouger avant sa disparition ou sa désagrégation ;

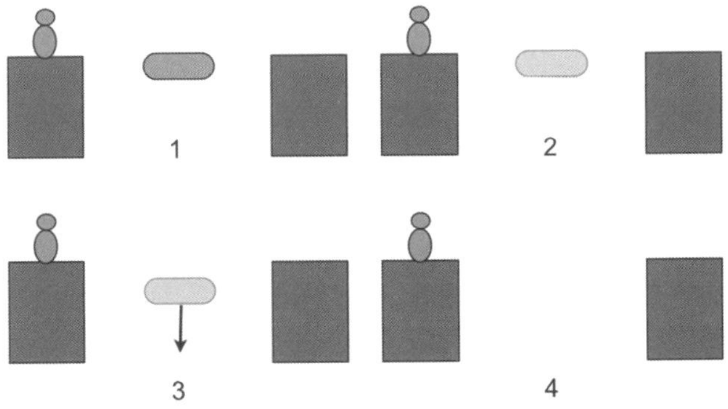

Figure *h* : plateformes qui tombent

- **Le sol gelé :** lorsque vous mettez le pied dessus, vous glissez. Vos contrôles présentent alors une inertie qui rend le déplacement de votre personnage plus difficile à maîtriser.

D'autres idées de plateformes seront faciles à trouver. Chaque plateforme est une brique de gameplay, mais en plus de venir enrichir le cœur de jeu, chacune possède la capacité d'être combinée avec les autres. Il est possible d'associer la brique « plateforme mobile » à la brique « plateforme évanescente ». Vous pouvez également ajouter une troisième composante, une quatrième, etc. Plus votre association sera complexe, plus la situation que vous créerez représentera une difficulté de jeu élevée.

Les jeux de voitures

Le cœur des jeux de voitures est, comme évoqué précédemment, le pilotage et le contrôle de la voiture. La sensation de conduite, les choix des créateurs sur l'aspect réaliste ou non des réactions de la voiture, sont des éléments primordiaux et définissent directement la tonalité et surtout les possibilités qu'offrira le noyau ludique.

Si l'on suit le même schéma de réflexion que celui exposé pour les jeux de plateformes, la première famille de briques de jeu est celle relevant du terrain lui-même.

Il s'agit alors de la configuration du circuit. Les virages sont les briques les plus élémentaires, mais aussi les plus importantes, et elles peuvent représenter plusieurs niveaux de difficulté selon leur courbure. Le fait de les voir au dernier moment ou au contraire longtemps à l'avance constitue aussi un paramètre non négligeable. Les bosses, les sauts, les obstacles sur la route peuvent aussi être des briques de jeu selon le type de jeu de voitures développé. On peut également imaginer des obstacles vivants liés au décor : piétons qui traversent, troupeaux, arbres qui tombent, circulation, etc. Conduire dans la circulation est tellement riche et offre tellement de possibilités de briques qu'il définit un genre de jeu de voitures à lui tout seul.

Les conditions climatiques représentent elles aussi une famille importante de briques de jeu. Elles définissent la visibilité, en proposant un soleil aveuglant, une pluie battante, des éclairs qui tombent à proximité, etc. La météorologie détermine l'état de la piste : mouillée, gelée, sèche, etc. Elle est directement en lien avec la famille du type de revêtement (terre, bitume, graviers, etc.).

Enfin, une troisième grande famille vient compléter les possibilités de briques de gameplay des jeux de voitures : les autres concurrents. Qu'ils soient joués par des humains ou contrôlés par des intelligences artificielles, ils rassemblent des caractéristiques telles que la puissance du véhicule, la résistance du pilote à la pression, son tempérament et sa façon de piloter (agressive, en dérapage, etc.). Selon le nombre d'opposants que vous alignez, vous enrichissez et modifiez à loisir la jouabilité et donc l'intérêt du jeu.

Les FPS

Le cœur des FPS est le « viser/tirer ». Quel que soit le type de réglages – et donc la tonalité choisie –, les briques de gameplay s'analysent de la même manière que pour les deux exemples précédents.

Le décor et la topographie du niveau constituent ici aussi la première famille de briques. Le déplacement appartient au cœur de jeu et la plupart des bons FPS offrent un décor qui ne permet pas « d'accrocher » c'est-à-dire de se bloquer contre le décor. Lorsqu'il frotte contre une partie du décor, le joueur glisse et ne ressent aucune saccade.

Les bon FPS présentent également peu d'éléments à l'intérieur des décors qui pourraient gêner la progression – en particulier lorsque le joueur a besoin d'avancer dans une autre direction que celle où il regarde. Les bons niveaux sont ceux qui proposent habilement des cachettes sans gêner les déplacements. Les carrefours, les couloirs et les conceptions labyrinthiques bien pensés sont aussi des qualités nécessaires aux bons FPS. Dans ce cadre, l'éclairage, les endroits sombres et les zones à la lumière vascillante sont aussi très importants.

Les armes que le joueur ramasse et utilise composent une autre série de briques primordiales pour un bon FPS. Les armes ne représentent pas un obstacle à proprement parler, mais elles conditionnent directement la manière de les affronter au cours du jeu. Le pistolet, le fusil de sniper, la mitrailleuse, les grenades, constituent autant de façon différentes de jouer. Toutes sont propices à des stratégies originales et créent par conséquent des situations de jeu variées.

Les ennemis, par leur système d'intelligence, leurs capacités de détection, leur puissance de destruction, leur comportement et tous les autres paramètres qui les constituent, sont aussi des briques évoluées. Selon le comportement d'un ennemi, qu'il reste caché au même endroit ou qu'il vienne vous assaillir, qu'il soit seul, en petit groupe ou en vagues bien fournies, la suite d'événements et de situations sera différente et l'intérêt ne sera pas le même.

Les catégories de briques indispensables

Le gameplay est la relation étroite qui existe entre ce que le joueur peut faire et les obstacles qui lui barrent la route. C'est par l'association des deux et l'originalité de chaque nouveau mélange que naissent les situations, et donc le jeu lui-même. Les briques doivent toujours appartenir à l'une des catégories suivantes :

- **Les capacités du héros :** la première catégorie de briques est celle des actions que le joueur/héros peut réaliser (les armes du FPS, le saut du jeu de plateformes). Par exemple, avoir un double saut, une capacité d'attaque, de planer, etc., sont autant de compétences générant de nouvelles possibilités et appelant des obstacles adaptés à ces actions ;
- **Les ennemis :** à chaque type d'ennemi correspond un comportement spécifique. Chaque ennemi constitue une brique, car il définit une situation de jeu. Un type d'ennemi peut aussi être combiné à d'autres briques, afin de créer des situations différentes (par exemple, des ennemis différents au même comportement, ou plusieurs ennemis aux comportements différents) ;
- **Les éléments interactifs du décor :** tous les éléments qui ne sont pas des êtres vivants, mais avec lesquels vous pouvez interagir, sont des briques de gameplay. Selon le type de jeu, ils sont de nature différente. Un revêtement mortel de sols, de murs ou de plafonds constitue une brique à part entière. Un levier permettant d'ouvrir une porte ou de tuer tous les ennemis dans la pièce représente aussi une brique. Une plateforme ou un énorme rocher frappant le sol avec régularité et menaçant de vous écraser sont également des briques d'éléments interactifs du décor. Les bonus à récupérer en les touchant sont de la même nature. Selon l'endroit où ils sont situés et la manière de les atteindre, la situation de jeu est toujours différente ;
- **Le décor :** le décor lui-même correspond à une catégorie. La topologie est la source même de ces briques. Ce sont les virages dans les jeux de voitures, les trous dans les jeux de plateformes, ou encore les cachettes dans les FPS ;
- **Les « abstraits » :** ces briques sont les plus difficiles à appréhender, car elles n'ont pas toujours de forme concrète. Elles viennent s'ajouter aux autres, presque se superposer,

créant non pas une situation différente, mais une façon différente d'appréhender la situation. Par exemple, la notion de compte à rebours forme une brique qui rajoute de la difficulté et fait jouer les mêmes situations autrement, car elle crée un stress supplémentaire. L'ordre dans lequel les actions doivent être accomplies fonctionne de la même manière. Dans un jeu d'action/aventure, si vous devez tirer des leviers dans un ordre précis alors que vous êtes attaqué par des ennemis, la difficulté est accrue. Votre stratégie et votre façon de jouer seront différentes si les leviers sont pourvus d'un ordre d'activation.

Rationalisation de l'utilisation des briques dans le level design

Les briques de jeu peuvent se combiner entre elles dans le but de créer une situation de jeu : ce que le joueur rencontre, ce qui constitue le jeu et les obstacles.

Un niveau (*level*) de jeu est une partition de situations de jeu, habilement disposées les unes derrière les autres. Pour reprendre la métaphore du langage, comme un texte est constitué de phrases elles-mêmes composées de mots, un gameplay est fait de situations de jeu et une situation est une association de briques de jeu.

Le level design est l'art de créer des niveaux de jeu en utilisant les différents éléments mécaniques. Le RLD, ou *rational level design*, est une méthodologie – d'après moi la plus efficace – pour créer et organiser le travail de level design.

Dans les processus de travail professionnels, dans ce que l'on appelle la chaîne de production, les game designers inventent des mécaniques de jeu lors de la préproduction. Ces mécaniques correspondent à l'imagination des briques. Dès le début de la production, des level designers s'emparent des briques et les utilisent pour créer des niveaux de jeu. Ces niveaux seront modifiés et réglés tout au long de la production et de la post-production. Ce rappel du déroulement concret du processus permet de montrer à quel point les briques sont primordiales dans le travail de conception d'un jeu. Lors des premières phases de conception, les briques ne peuvent pas encore être créées. Concevoir un cœur de jeu est déjà très complexe, en avoir une vision claire, épurée, maîtrisée, sans fausses pistes ni idées polluantes reste la priorité.

Cependant, la réflexion autour du cœur de jeu doit tout de même passer par l'anticipation des possibilités de briques que ce cœur doit pouvoir générer. Si vous ne pouvez pas donner plus de deux ou trois idées de briques alors que vous pensez avoir trouvé un noyau de jeu, c'est qu'il est bancal, ou bien qu'il n'en est pas un. À l'inverse, si les idées de briques se multiplient et viennent d'elles-mêmes, alors le cœur de jeu est bon et vous n'aurez aucune peine à les identifier, les définir et surtout les limiter lors de la deuxième partie de la conception. Une fois vos intentions initiales posées et maîtrisées, vous pouvez passer à la phase de développement de la conception, dans laquelle vous devez définir toutes les briques.

c - Les 3C

Il s'agit des notions *controls*, *characters*, et *cameras* (« contrôles », « personnages », « caméras »). Les 3C sont des éléments du gameplay auxquels il est indispensable d'accorder beaucoup de rigueur. Les 3C sont étroitement liés au cœur de jeu, car ils sont une partie de sa concrétisation. À chacun correspond un choix de création, l'ensemble des trois choix définissant la manière dont le jeu sera joué.

Les 3C ne sont pas à considérer uniquement comme l'association de trois éléments distincts, mais plutôt comme un tout. Cette entité définit comment le joueur va agir et les interactions possibles. Les 3C sont comparables au déplacement dans un jeu. S'ils sont réussis, votre jeu a toutes les chances d'être bon. S'ils sont ratés, il sera mauvais à coup sûr. Pour cette raison, ils demandent systématiquement un prototypage, dès qu'une idée commence à se dégager. Grâce au prototype, il est possible d'essayer et de ressentir, et non plus seulement de projeter intellectuellement. Il devient alors aisé de savoir si l'on se trompe, de faire tester à d'autres pour recueillir leurs opinions et leurs ressentis, de trouver des solutions lorsqu'un problème se pose, et même de faire surgir de nouvelles idées.

Cameras

C'est grâce à elles que vous pouvez voir l'action et le monde fictif dans lequel le jeu prend place. Le jeu vidéo sollicite prioritairement trois sens humains : la vision, l'ouïe et le toucher. La caméra correspond au sens de la vision et les contrôles à celui du toucher. Aucun des autres sens n'est indispensable pour jouer – l'odorat ou le goût n'ont encore jamais été utilisés. Le son occupe un rôle primordial. Il sert à mettre en scène et à immerger, ainsi qu'à donner des feed-back ou des signes permettant au joueur de mieux comprendre le déroulement de l'action. Pourtant, il reste toujours possible de couper le son pour jouer, alors que vous ne pouvez pas le faire en aveugle ou sans utiliser vos mains.

La notion de la caméra s'est posée avec l'arrivée avec les jeux en trois dimensions. Auparavant, tous les jeux étaient en 2D, ne laissant la place qu'à une caméra en vue de profil ou en vue de dessus. Quelques jeux exploitaient une caméra en 3D isométrique, mais elle offrait peu de variations ou de choix réellement différents. Avec les jeux 3D, de nouvelles possibilités sont apparues, obligeant à un travail en profondeur sur la caméra, en particulier les caméras à la troisième personne (*third-person camera*). Ces caméras sont celles qui se trouvent à l'cxtérieur du personnage et permettent de le voir en pied. Tomb Raider ou Mario sont deux bons exemples de leur utilisation.

Elles s'opposent aux caméras *first-person* (caméras à la première personne, ou subjectives) utilisées dans les FPS. Ces dernières ne permettent pas de voir le personnage héros, puisque le joueur voit par ses yeux. Seule la présence d'un miroir, d'une surface réfléchissante ou d'une cinématique permet de visualiser entièrement celui ou celle que l'on incarne.

De nombreuses autres caméras existent : celles des RTS(1) en vue de dessus inclinée, celles des Resident Evil qui ont fait appel à une multitude de caméras différentes avant de passer à une caméra third-person, ou encore celles des jeux de combat où les personnages sont majoritairement vus de profil (par exemple, Soulcalibur). Mais les deux grandes familles sont bien celles des caméras aux première et troisième personnes, représentant l'essentiel des choix et des possibilités. Bien sûr, les caméras de type 2D restent présentes et utilisées, mais souvent émulées et enrichies par la 3D. La série Street Fighter Ex en 3D (par Capcom) en est une bonne illustration.

Selon le choix du genre, selon la manière de placer la caméra, la distance à laquelle elle se trouve du héros, la focale que l'on va choisir et d'autres paramètres, le résultat des 3C sera différent. La nouvelle mouture des Resident Evil en est le meilleur exemple. D'un jeu d'angoisse fabriqué à l'aide de

(1) Les jeux RTS (*real time strategy*) sont des jeux de stratégie « en temps réel », ne proposant pas d'option de pause, comme Warcraft III (Blizzard Entertainment).

caméras de type surveillance et d'un système bien pensé, capable d'utiliser le langage cinématographique pour créer la peur et le suspens, la série est passée depuis le quatrième volet à une caméra placée juste derrière le personnage. Le jeu est alors devenu plus orienté vers l'action, demandant plus de réflexes et guidant la série dans une autre tonalité.

Controls

Les contrôles représentent la manière dont vous faites agir votre ou vos personnages. Ils appellent les notions d'ergonomie et d'accessibilité. En peu de mots, les contrôles sont les « boutons » que vous allez utiliser pour faire agir votre personnage. Selon le type de machine, c'est-à-dire selon la nature de l'interface physique que vous avez entre les mains, le même jeu peut procurer un plaisir différent.

Par exemple, un FPS est systématiquement meilleur sur PC que sur console. Ce type de jeu a été inventé avec le PC, avec son interface basique : le clavier et la souris. Le déplacement du curseur de la souris possède une précision et une vitesse qu'aucune autre machine ou interface n'a encore été capable de proposer. Même le pointeur de la Nintendo Wii, que tous pensaient aussi efficace, n'a pas permis de proposer des FPS de la même qualité que sur un PC. Le déplacement d'un curseur de visée avec un paddle(1) est une horreur ergonomique, rendant la visée pénible pour un joueur sur console, diminuant la qualité du jeu par rapport à sa version PC. Néanmoins, c'est aussi par les FPS sur console que certaines améliorations ont vu le jour. Ainsi, le premier Halo sur Xbox était, à l'origine, exclusivement prévu pour la console de Microsoft. Dans ce cadre, les ergonomes de la firme de Seattle ont cherché des solutions pour rendre la visée

(1) Paddle : périphérique comportant un bouton tournant.

plus facile, sans pour autant la rendre automatique. Ils ont ainsi inventé le principe du scratch. Comme pour les systèmes de fermeture en tissu, le simple fait de passer le curseur de visée sur une zone de l'écran, en l'occurrence une zone englobant un monstre, permettait de ralentir le curseur. Il suffisait alors de « lancer » le curseur dans la bonne direction et celui-ci venait presque se coller sur l'ennemi.

Récemment, la série des Modern Warfare a proposé un ciblage automatique sur un nouvel ennemi à proximité du viseur si l'on relâche le bouton de visée et que l'on appuie à nouveau dessus dans la foulée. Grâce à cela, il devient facile d'enchaîner les tirs de précision. La définition des contrôles est une opération délicate lors de la phase de conception. Évidemment, les tests effectués au cours du développement permettent de résoudre les problèmes mineurs qui ne mettent pas en cause la structure de la conception.

Ainsi, le niveau de la cible, c'est-à-dire le niveau de virtuosité du client potentiel, doit être pris en compte dès la conception. Faut-il prévoir des « combos » (associations de touches pour réaliser des actions), des enchaînements complexes, ou bien tout centraliser sur une seule touche dont les effets sont alors contextuels ? La conception des contrôles est d'autant plus difficile qu'elle est intimement liée à celle de la caméra. Le choix des contrôles se fait généralement en même temps.

Dans Mario 64 et les suivants, la caméra est une caméra third-person, placée derrière le plombier et qui permet de le voir intégralement. Les contrôles sont dits « relatifs à l'écran », car lorsque vous poussez le bouton de direction à droite, Mario se déplace effectivement vers le bord droit de l'écran. Votre cerveau associe immédiatement l'un à l'autre et vous permet donc de réagir très vite en cas de besoin. La caméra continue à vous suivre, mais ne se replace pas systématiquement derrière vous. Vous pouvez donc revenir vers la caméra, vous retourner, etc.

Dans la série des Tomb Raider, pousser le bouton vers la droite fait tourner le personnage sur lui-même. Il effectue alors une rotation sur la droite. Pour avancer, vous devez pousser le bouton vers le haut, quelle que soit la direction vers laquelle le personnage est orienté. Il s'agit de contrôles « relatifs au personnage ». La caméra se recale systématiquement derrière le personnage, vous offrant une vue imprenable et vous permettant aussi de voir là où ses yeux regardent. L'inconvénient est qu'il est difficile de se déplacer et réagir vite. Si vous devez attaquer un ennemi venant de la droite ou brutalement sauter vers un coté, vous ne pouvez pas le faire en une fraction de seconde.

Image 9 : *Tomb Raider Underworld (Eidos). Caméra troisième personne et contrôles relatifs au personnage.*

Mario est un jeu de réflexe là où Tomb Raider propose des contrôles plus lents. L'expérience n'est pas du tout la même, elle résulte d'un choix de contrôles et de réglages de caméra différents, même si ces jeux sont tous les deux des jeux de plateformes.

Image 10 :
Mario Galaxy (Nintendo). Caméra troisième personne et contrôles relatifs à l'écran.

Un autre exemple est celui des Resident Evil. Les trois premiers épisodes de la série proposent des personnages dans un décor en 2D. Dès que le personnage sort de l'écran, la caméra change, en *cut*. Pour permettre cela, il faut impérativement que les contrôles restent les mêmes d'une caméra à l'autre. Le joueur doit pouvoir continuer à avancer en appuyant sur la même touche lorsqu'il change de caméra, sous peine de ne pas être raccord, au sens cinématographique. On a donc choisi des contrôles relatifs au personnage, alors que la caméra est totalement différente de Tomb Raider, par exemple. Il s'agit systématiquement d'une caméra fixe, le personnage passant d'une caméra à l'autre en se déplaçant dans l'espace. Quelle que soit la position de caméra, les actions restent les mêmes. Même si le personnage est vu sous un autre angle, appuyer sur le bouton haut permet de continuer à avancer, rendant le changement de caméra parfaitement fluide. Le jeu correspond alors à un *survival horror*, c'est-à-dire un jeu d'épouvante basé sur un gameplay d'aventure (exploration et énigmes), mêlé à un jeu de tir. La difficulté des contrôles rend les combats tendus, et le joueur a toujours peur de rencontrer un ou plusieurs morts-vivants sur son chemin.

À l'inverse, depuis le quatrième Resident Evil, la caméra est placée derrière le personnage. Elle le suit constamment, reste toujours la même. Cela est devenu possible avec l'augmentation du niveau technologique des machines, offrant une représentation ultra-réaliste des décors, désormais en 3D. Le jeu a changé dans son gameplay, car les contrôles et la caméra ont été modifiés. Le personnage se contrôle alors comme dans un FPS, transformant du même coup un jeu d'effroi en jeu de tir au mort-vivant. Le goût n'est plus le même, le genre est nettement différent.

Character

Le *c* de *character* correspond au personnage et aux actions qu'il est capable de réaliser. En tant que concepteur, quelles possibilités d'action offrez-vous à votre héros ? Pour reprendre l'exemple du jeu de plateformes, il s'agit d'actions telles que courir, sauter, faire un double saut, une attaque de proximité, planer, etc. Devez-vous autoriser la marche alors que vous avez la course ? Et pourquoi pas une « marche sur des œufs », qui pourrait vous ouvrir la porte à un peu de gameplay d'infiltration ? Vous aurez alors besoin de capacités supplémentaires vous permettant de voir les ennemis de manière plus complète : système de signature thermique, vision nocturne, etc. Votre caméra en sera alors altérée, car vous aurez certainement besoin de la diriger sans déplacer le personnage. Cette désolidarisation entraînera donc des modifications importantes dans l'étape « caméra » des 3C.

Les compétences de votre personnage ne peuvent pas être pensées sans tenir compte de la caméra, mais aussi des contrôles. En effet, chaque compétence du héros fait obligatoirement appel à des contrôles permettant de l'utiliser. Ils doivent être structurés autour du cœur de jeu et adaptés au joueur. Ils ne peuvent pas être une simple accumulation de compétences sans aucune cohérence. Ajouter une compétence signifie généralement ajouter un bouton. Or, le nombre de boutons d'un paddle est limité et il est conseillé d'en utiliser le moins possible, même pour les joueurs avertis. Vous devez structurer vos contrôles sur le cœur de jeu : vous ne pourrez donc plus les modifier pour ajouter des compétences sans interférer dans le système de caméra.

Pour reprendre l'exemple des Resident Evil, le héros ne peut pas sauter. Il peut monter des escaliers ou des échelles, ouvrir des portes, mais il doit se placer à coté et appuyer sur le bouton « action ». Ces actions ne sont pas permises par défaut, automatiquement, car elles ouvriraient le gameplay à une action non désirée, et provoqueraient des changements structurels dans les contrôles et surtout dans le système de la caméra du jeu. Cela est vrai pour les anciens systèmes de jeu des Resident Evil comme pour les nouveaux.

Image 11 : *Resident Evil 5 (Capcom). La nouvelle mouture propose une caméra extérieure mais au comportement pratiquement FPS.*

Pour conclure cette explication des 3C, on peut dire qu'il s'agit d'un outil clé pour définir le gameplay du jeu. Néanmoins, les 3C représentent une alchimie fragile et difficile à trouver. Modifier un seul des trois entraîne obligatoirement des modifications du fun immédiat et donc du jeu dans son ensemble. En revanche, réussir ses 3C, c'est se donner toutes les chances de faire un excellent jeu.

d - Identification de la virtuosité

Définir la virtuosité que vous allez imposer à votre jeu correspond au travail indispensable de la définition de votre cible, c'est-à-dire du spectre de joueurs auxquels vous le destinez. Même si le travail de création s'appuie forcément sur un processus réflexif dans lequel le créateur se projette en tant que joueur, la connaissance de la cible est un repère indispensable pour garantir du plaisir à ceux qui y joueront. Car c'est bien là votre objectif.

Pour l'anecdote, j'ai participé à la création du gameplay d'un jeu sur Amiga, Agony, qui reste un des titres légendaires de la machine. Nous étions trois développeurs pour créer ce jeu et j'étais le seul à pouvoir le finir. Dans les équipes de notre éditeur (Psygnosis), personne non plus ne parvenait à la fin sans utiliser de mode spécial.

L'âge où les développeurs ne faisaient les choses que par rapport à leur propre ressenti est révolu depuis longtemps. Nous verrons plus tard la notion d'accessibilité pour expliquer comment éviter aux joueurs de se battre contre les éléments mal pensés d'un jeu.

Identification du niveau de maîtrise

Selon la définition classique, la virtuosité est le talent d'exécution, l'habileté technique dans la pratique d'un métier ou d'un art. Nous avons tous en tête l'image d'un jeune enfant virtuose du violon en train de jouer du Mozart dans un orchestre philharmonique. Les chercheurs s'accordent aujourd'hui à dire que les enfants ou les adolescents qui passent beaucoup de temps sur un jeu possèdent un niveau de compétences équivalent à celui d'experts. On peut affirmer que des joueurs professionnels de jeu vidéo (*pro-gamers*) qui s'affrontent lors de compétitions internationales sont des virtuoses, au même titre que l'enfant violoniste.

Par identification de la virtuosité, il faut entendre anticipation du niveau de maîtrise du joueur que vous ciblez. La virtuosité, c'est l'illusion que vous devez donner au joueur, quel que soit son niveau. En effet, tout joueur cherche instinctivement une adéquation entre ce qu'il fait et la reconnaissance que cela engendre, totalement liée à la réussite de ses actions. Réussir à les enchaîner le place dans une sorte de flux de satisfaction. Plus la difficulté à réussir ses actions est importante, plus la satisfaction est forte. C'est l'équation entre la difficulté estimée par le joueur lui-même et la réussite de ses actions qui définit l'intensité de la satisfaction ressentie. Elle est l'essence même du plaisir de jeu. Enchaîner des actions sans éprouver aucune difficulté limite le plaisir. Si vous réussissez à maîtriser des enchaînements d'actions difficiles, votre plaisir sera bien plus grand.

Cela appelle la notion de progression, démontrant qu'il existe une relation directe entre difficulté/virtuosité et apprentissage/progression. Un jeu doit obligatoirement posséder un niveau de difficulté, même minime, et offrir au joueur la possibilité de s'améliorer, même si cela lui prend peu de temps. Un jeu sans progression est un jeu sans challenge, il s'agirait donc moins d'un jeu que d'une exploration, une expérience de test, une simple découverte.

◈ Virtuosité n'est pas dextérité

La notion de virtuosité est souvent associée à celle de dextérité. Cela est vrai pour les gameplays d'action qui demandent une grande maîtrise dans les manipulations et donc beaucoup d'habileté et de réflexes. Mais tous les jeux ne sont pas des jeux d'actions et la notion d'intelligence est un paramètre qui doit entrer dans votre conception de la virtuosité.

En effet, s'il existe des virtuoses de Counter-Strike, n'existe-t-il pas aussi des virtuoses de *brain training* ? Dans ces jeux d'entraînement cérébral, intelligence et rapidité d'esprit font l'essentiel de la maîtrise. Dans d'autres, la réflexion stratégique peut être plus importante que sa mise en exécution (les RTS de manière générale).

Parce que les jeux d'action pure ne sont qu'une petite partie des jeux vidéo produits et que la plupart demandent aussi au joueur de réfléchir, il est important de prendre en compte le niveau intellectuel de votre cible. Les notions de réussite, de flux et de satisfaction sont aussi valables pour gérer les obstacles liés à la réflexion. Par conséquent, vous devez anticiper et définir à quel public vous destinez votre jeu : quel est son niveau d'habileté et de dextérité, et quel est son niveau intellectuel, quels sont ses compétences cognitives ?

Il ne faut évidemment pas confondre les capacités intellectuelles, c'est-à-dire la possibilité de résoudre des problèmes en utilisant son intelligence, et les savoirs et connaissances. Utiliser son intelligence ne signifie pas réciter des connaissances, mais identifier et comprendre des mécanismes et des relations de cause à effet. Les connaissances peuvent être utiles, mais de façon ponctuelle.

Pour identifier votre cible, la meilleure solution est donc de fabriquer deux jauges, l'une pour la dextérité et la notion de manipulation experte, l'autre pour l'intelligence et la vivacité d'esprit. À vous d'y placer le niveau que vos joueurs doivent posséder pour jouer parfaitement à votre jeu. Les extrêmités des jauges correspondent respectivement au niveau de l'absence de maîtrise (*casual gamer*), et à celui de la maîtrise maximale, donc de la virtuosité (*hardcore gamer*). Pour faciliter la comparaison – et par là la conception –, il peut être utile de repérer des références de jeux possédant un niveau équivalent au vôtre, ainsi que de positionner des références de jeux aux deux extrêmes.

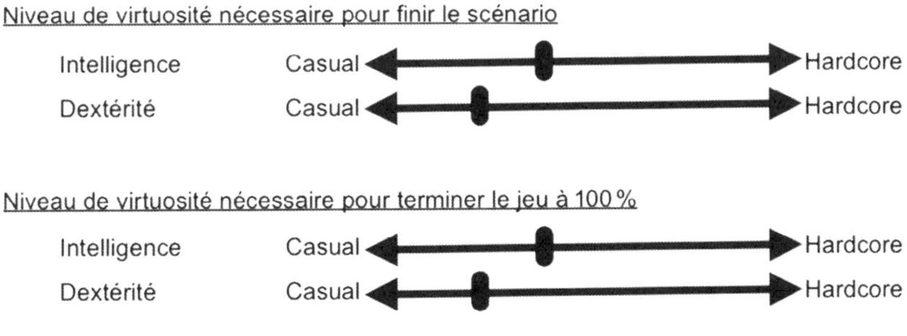

Figure *i* : axe de la virtuosité

Identification de l'ensemble des joueurs potentiels

Aujourd'hui, les jeux proposent presque tous deux niveaux de réussite. Il ne faut donc pas se contenter d'identifier le cœur de cible. Le premier niveau de réussite correspond au fait d'accéder à la fin du jeu, c'est-à-dire d'aller au bout de l'aventure, de terminer le scénario.

Le deuxième niveau de réussite est atteint à la complétion totale de tous les défis du jeu, le cent pour cent. Généralement, terminer le scénario permet de débloquer de nouveaux modes de jeu, des niveaux inédits, d'autres défis.

La notion de « revisite » est également fondamentale. Elle permet au joueur de revenir dans les niveaux pour réussir des challenges optionnels, qu'il n'avait pas besoin d'accomplir lors de son premier passage.

Le niveau de maîtrise demandé à ceux qui finiront le scénario est toujours inférieur à celui des joueurs qui feront le cent pour cent ou du moins qui essaieront de l'atteindre. Il est donc intéressant de discerner ces deux types de joueur et de définir, d'un coté, le niveau de maîtrise indispensable à la réussite du scénario, et de l'autre celui prévu pour les joueurs qui le finiront totalement. Un écart important peut alors être imaginé. Il est aussi possible, pour certains jeux, d'aller au-delà des deux profils. Les jeux familiaux peuvent par exemple intégrer un mode *baby*. Le niveau demandé est alors extrêmement bas.

Dans tous les cas, en définissant le niveau de maîtrise nécessaire à la réussite des différentes étapes du jeu, vous définissez les compétences que doivent posséder vos joueurs.

La virtuosité, c'est-à-dire la maîtrise du niveau des joueurs est l'outil permettant de définir les différentes graduations de joueurs. L'évaluation du temps passé sur un jeu est un autre système de mesure. Il est directement lié à l'acquisition de la virtuosité, mais ne permet pas d'anticiper avec finesse les qualités requises de vos joueurs cibles. Il est en revanche souvent utilisé pour distinguer les joueurs hardcore des joueurs casual.

La mesure du niveau de dextérité, d'intelligence – et donc de maîtrise des joueurs – est ce qui vous permet directement de concevoir un jeu dont la difficulté est maîtrisée et surtout adaptée à l'ensemble des joueurs que vous visez.

e - Conditions d'échec et de réussite

Définir les conditions d'échec et de réussite revient à savoir comment le joueur peut gagner et comment il peut perdre. Cela vous oblige à décider s'il existe un *game over* ou pas, et à savoir ce qui se passe lorsque le joueur a gagné, c'est-à-dire lorsqu'il a réussi un challenge, à l'échelle « micro » du jeu. Dans le jeu vidéo, gagner signifie sortir victorieux d'une l'épreuve. Et un jeu vidéo est une très longue succession d'épreuves.

Identifier échec et réussite

Au-delà de l'aspect binaire du game over ou au contraire de la réussite du passage d'un obstacle, systématiquement validé par une récompense[1], ce qui nous intéresse, c'est la manière dont les éléments du jeu sont organisés ou se reconfigurent dans le cas de l'échec ou dans celui de la réussite. Sauf dans le cas d'une fausse manipulation du joueur, la victoire ou l'échec sont le fruit d'un combat opposant au minimum deux parties. L'une est le joueur, l'autre est le jeu lui-même et les intelligence artificielles qu'il contrôle, ou bien d'autres joueurs.

Avant de se trouver globalement en situation de victoire ou d'échec, le joueur traverse des configurations de jeu qui évoluent selon les actes des protagonistes, oscillant d'une situation à l'autre. Elles sont multiples, comme un long dégradé de possibilités entre l'échec et la victoire. C'est parce que le joueur a lentement perdu le contrôle et que la situation a été de moins en moins à son avantage qu'il finit par perdre.

Prenons l'exemple du football. À moins qu'un joueur ne tire dans son propre but, marquer est un acte très difficile qui demande le concours de toute l'équipe et oblige à déployer une

(1) Nous verrons cet aspect plus loin dans le paragraphe concernant les boucles de gameplay.

stratégie. Il faut enchaîner plusieurs situations et gagner plusieurs duels avant que l'attaquant ait la possibilité de marquer. Depuis le gardien de but, la balle a suivi un long trajet, organisé en situations successives que le joueur a construites afin qu'elles tournent à son avantage.

Identifier les conditions d'échec et celles de la réussite correspond à l'identification de ces phases de jeu, à l'organisation de cette évolution qui fait pencher la balance tantôt d'un coté, tantôt de l'autre.

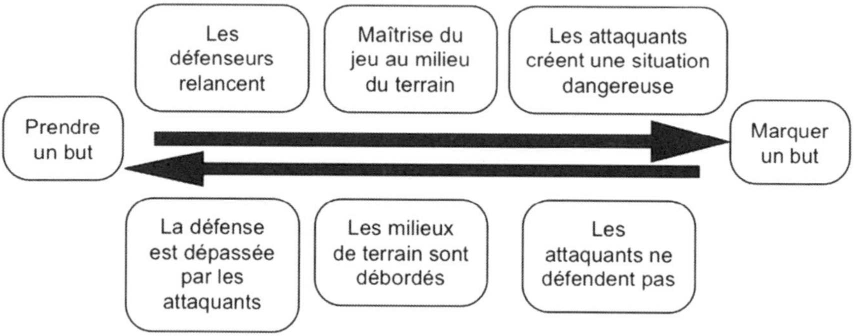

Figure *j* : axe d'échec/réussite dans un jeu de football

Un système de création d'émotions ludiques

Les émotions ludiques sont générées par le jeu lui-même. Par ses changements entre l'état d'échec et l'état de réussite, c'est-à-dire son évolution sur l'axe échec/réussite, le joueur fabrique des émotions. Celles-ci ne sont rien d'autre que les manifestations de ces changements d'état, ressenties grâce à l'immersion et la participation active. L'axe échec/réussite représente donc l'ensemble des états de jeu qui permettent de passer de l'un à l'autre des extrêmes. Il correspond à un éventail d'émotions ludiques en réaction à ces états de jeu.

Définir et anticiper ces changements dans le jeu permet alors de délimiter les possibilités d'émotions que le joueur pourra ressentir.

Mais l'axe échec/réussite (ou plutôt les changements d'états ludiques entre les deux états extrêmes) n'est pas aussi linéaire qu'une droite sur laquelle on poserait des repères immuables. De nombreux paramètres viennent complexifier cet axe et lui accorder plusieurs dimensions. Le sens dans lequel les changements se font, par exemple : partir de la réussite et aller vers l'échec ne produit pas les mêmes états de jeu que si l'on fait le trajet en sens inverse. La vitesse à laquelle ces changements se font peut également influer sur la nature des états de jeu. Ces paramètres sont variables selon les projets, même si certains se retrouvent toujours, comme le sens, la vitesse de changement, l'intensité de changement et ce qui provoque le changement.

Dans tous les cas, identifier les conditions d'échec et de réussite correspond à définir la chair qui façonnera le jeu, enveloppant le squelette du cœur de jeu. Dans les sports collectifs, on appelle cela le fond de jeu, c'est-à-dire la capacité à créer du jeu, des combinaisons, des situations de jeu. Votre jeu, votre cœur de jeu, ses briques, ses 3C, doivent être pensés pour offrir une matière, une chair suffisamment riche pour que le joueur y trouve de la variété et de l'amusement, sans difficulté excessive.

f - Signes et feed-back

Les signes et les feed-back sont plutôt des outils de mise en scène, mais avant de posséder une fonction artistique d'immersion, ils possèdent surtout une fonction d'indicateurs du gameplay et de sa compréhension.

Les feed-back

Le feed-back est ce qui vous donne une indication sur ce que vous venez de faire ou d'essayer. Il s'agit d'un message retour qui vous donne une indication sur quelque chose que vous avez initié. Ce terme d'ergonomie se traduit sur les appareils du quotidien par un bip sonore, quand vous appuyez sur une touche du clavier d'un téléphone ou d'un distributeur de billets, par exemple.

Dans le jeu, le feed-back est une indication donnée au joueur chaque fois qu'il essaie d'interagir avec un élément. Par exemple, recharger son arme dans un FPS constitue un feed-back sonore, le bruit du chargeur ; un feed-back visuel peut être une animation montrant l'arme qui se recharge. Selon le jeu, on peut combiner un ou deux feed-back de plus. Quand une opération n'est pas possible, un message l'indique ; si vous n'avez plus de munitions, votre personnage vous dit qu'il ne peut plus recharger, peut-être un bruit d'alarme, etc.

Le feed-back est la réponse à l'action du joueur. Ses caractéristiques les plus importantes sont les suivantes :

- **Immédiat :** un feed-back ne doit pas se déclencher en décalage avec l'action réalisée ;
- **Relié à l'action :** le joueur doit pouvoir l'associer clairement à l'action qu'il vient de faire, le lien doit être évident, dans la nature même du feed-back ;
- **Sans ambiguïté formelle :** le feed-back doit être compris par le joueur sans risque de mauvaise interprétation, la forme doit donc être adaptée ;
- **Perceptible :** il ne doit pas être masqué au milieu d'autres éléments sonores ou visuels servant à l'immersion. En cela, il est toujours prioritaire.

Le feed-back est indispensable à la bonne compréhension de ce qui se passe, puisque sa fonction est de vous dire si l'interaction que vous avez demandée se déroule comme prévu ou si quelque chose l'empêche. Les feed-back évolués vous disent quel est le problème et peuvent même vous donner des indications sur la manière de le résoudre. Le joueur ne doit pas être laissé dans l'incompréhension et l'ignorance du résultat de ses actes. Cette règle basique est indispensable dans le jeu vidéo. Le feed-back peut également revêtir un habillage aidant l'immersion, véhiculant des connotations d'humour ou bien de peur ; le héros peut vous parler, le travail sur le son peut générer des effets inquiétants ou rassurants, etc.

Il est très important de ne pas se contenter d'un seul feed-back et d'essayer au contraire d'en intégrer le plus possible. Tous les canaux peuvent être utilisés, qu'ils soient sonores, visuels, fictionnels, musicaux, ou encore qu'il s'agisse des vibrations de la manette.

Plus l'interaction demandée a d'importance, plus elle nécessite de feed-back. Un jeu bien mis en scène est un jeu dont les signes et les feed-back sont non seulement présents à chaque interaction, mais aussi adaptés à la fiction et à l'univers dans lequel ils se produisent.

Les signes

La fonction du signe est de de provoquer l'action en donnant au joueur une indication sur ce qu'il doit faire. À l'inverse du feed-back, le signe doit être joué avant que le joueur agisse. C'est un guide supposé aider le joueur dans sa prise de décision ; une sorte de carte dynamique qui lui donne des indications sur la façon d'agir, à chaque fois que cela est possible ou nécessaire.

Un signe n'est pas une GUI, une interface graphique toujours présente à l'écran, comme une boussole ou une jauge de vie. Un signe est un indicateur qui peut être présent dans le décor. Par exemple, dans les GTA, la présence d'un cercle lumineux au sol vous indique que vous devez venir vous placer dedans pour passer à la suite.

De la même manière que les feed-back, les signes peuvent être mis en scène, c'est-à-dire intégrés à l'univers afin d'améliorer l'immersion et la cohérence.

Par exemple, dans un jeu de tir, vous êtes dans un endroit calme mais vous allez bientôt être attaqué par les ennemis. Si ceux-ci vous ratent d'abord en tirant juste à coté de vous, vous obtenez l'indication de leur présence, du sens dans lequel ils tirent et donc leur position par rapport à vous, et cela a également pour effet de provoquer la motivation nécessaire pour que vous réagissiez en vous cachant et en leur tirant dessus à votre tour.

Le signe est un stimulus aux actions du joueur. Il possède des caractéristiques similaires à celles des feed-back :

- **Perceptible :** il est facile de le voir ou de l'entendre, il est prioritaire devant tous les autres éléments visuels, sonores ou scénaristiques qui servent à l'immersion ou à l'action ;
- **Sans ambiguïté :** le joueur ne se pose pas la question de savoir si c'est plutôt l'une ou l'autre des interprétations qu'il doit avoir. Le signe est clair et ne génère qu'un seul sens évident ;
- **Compréhensible :** la forme que prend le signe doit être en rapport direct avec l'information qu'il véhicule.

2 Macro-gameplay

Les outils du micro-gameplay nous permettent de construire efficacement le quotidien du joueur, de garantir que chaque instant est intéressant. Le macro-gameplay intervient sur la structure, sur ce qui fait que le joueur continue de jouer ou pose la manette en ayant très vite l'envie de la reprendre. Le macro-gameplay concerne donc la construction, il organise le jeu dans la durée. Les six macro-outils qui suivent constituent les principes de création et de maîtrise du macro-gameplay.

a - La boucle de jeu

La boucle de jeu est en partie la définition de ce qu'est un jeu vidéo. Elle structure les actions que le joueur doit accomplir, selon la succession de trois phases : l'objectif, le challenge, et enfin la récompense. L'ordre de ces trois phases est immuable. Il définit l'ordre de ce que va suivre et vivre le joueur, et par là son évolution sur l'axe échec/réussite.

Figure *k* : axe échec/définition de la boucle de jeu

La boucle de jeu est comme une phrase avec un sujet, un verbe et un complément. Elle n'a de sens que lorsqu'elle est complète. Elle est la structure grammaticale basique et fondamentale du jeu vidéo. Une boucle représente une unité cohérente et complète d'amusement. Un objectif et un challenge non récompensés créent de la frustration. Un objectif récompensé sans challenge, c'est-à-dire sans aucune difficulté, enlève de la valeur à l'épreuve et donc à la sensation d'accomplissement.

Dans un premier temps, un objectif doit être donné par le jeu. Il peut être de nature variable : aller quelque part, parler à quelqu'un, tuer un nombre précis d'ennemis, tuer un ennemi spécifique, réussir une action plusieurs fois de suite, etc.

La notion d'objectif est vaste : elle peut désigner un ordre clairement donné par la fiction du jeu à l'intérieur d'un niveau ; elle peut également être de nature ludique et structurelle et donc intuitive et évidente pour les joueurs – par exemple, finir le niveau pour accéder à autre chose, ou simplement finir le jeu, aller au bout de l'histoire, sont des objectifs innés au jeu et par extension au joueur.

Dans le cas d'un système de jeu émergent, toute la difficulté du game design est de fabriquer un gameplay en maîtrisant la liberté générée par l'ouverture du système, sans pour autant la brider. Un système de jeu est dit « émergent » lorsqu'il s'agit d'un système ouvert de règles et de possibilités offertes au joueur. Celles-ci sont dans ce cas si nombreuses et permettent tant de combinaisons et de situations de jeu, que personne ne peut ou ne cherche à les lister toutes. On appelle souvent ce type de système un *sandbox*, un « bac à sable ». À vous de chercher, d'essayer, presque de créer. GTA est l'exemple parfait du système émergent, puisque vous êtes dans une ville crédible à l'intérieur de laquelle vous pouvez interagir avec à peu près tout. Vous pouvez y faire ce que vous désirez et créer des situations imprévisibles.

Néanmoins, GTA respecte la règle des boucles de gameplay. Il donne systématiquement un objectif de mission et laisse le joueur trouver la manière de le réussir. C'est à ce moment que les joueurs doivent être créatifs et tous ne passent pas par le même chemin d'actions pour réussir la mission.

Plusieurs tailles de boucles

La boucle de jeu est l'élément étalon qui se retrouve, s'emboîte et structure l'amusement. Comme le langage possède ses phonèmes, ses morphèmes[1], ses mots et ses phrases, le jeu possède la boucle de gameplay. Il existe plusieurs tailles de boucles équivalentes aux différentes unités de langage.

La première est la boucle basique ou micro qui représente quelques secondes de jeu. Elle ne correspond pas à la brique mais plutôt à la situation de jeu. Dans l'absolu, un excellent jeu devrait donc donner un objectif micro, même s'il est parfois induit par un objectif plus large, pour ensuite récompenser le joueur après l'accomplissement de cette situation de jeu.

Au-dessus de cette boucle, on trouve une boucle sur plusieurs minutes. Cela peut être une quête courte, comme trouver la clé d'un passage fermé.

Encore au-dessus, on atteint le niveau de jeu. Finir une mission représente une boucle que l'on pourrait qualifier de moyenne. La durée idéale d'un niveau de jeu est autour de vingt minutes. Elle est valable pour des joueurs que l'on appelle des gamers, c'est-à-dire des personnes habituées à jouer sans pour autant y passer leurs journées. Le chiffre est beaucoup plus petit chez les *casual gamers* et diffère peu chez les *hardcore gamers* ou les *no life*, ces joueurs qui passent plus de temps sur des médias virtuels que dans des activités de la « vie réelle ». Pour ce type de joueurs, une boucle supérieure et spécifique est sans doute nécessaire. Le niveau de jeu représente une expérience complète, car il propose toujours un affrontement final et s'apparente à la structure d'une histoire telle qu'on les fabrique dans le cinéma hollywoodien, en trois actes, répartis en douze points.

(1) Ces notions de linguistique découlent de la théorie de la double articulation du langage : le phonème est l'élément minimal, non segmentable, de la reproduction phonologique d'un énoncé ; le morphème est l'unité minimale de signification que l'on peut isoler dans un énoncé avant d'atteindre le niveau phonologique.

L'analogie offre des fondations rythmiques ayant deux avantages : proposer une expérience efficace dans toutes les cultures, et utiliser une structure importée des systèmes narratifs, donc filmiques, permettant d'avoir une dramaturgie[1], soit un travail sur les émotions de grande qualité – si le jeu l'autorise. Avec ce type de structure, les notions de crescendo et de climax deviennent naturelles, pour amener à un boss de fin de niveau qui va générer beaucoup d'émotions.

Au-dessus du niveau de jeu, on trouve la boucle supérieure, l'avant-dernière, celle qui peut représenter des mondes différents, des univers graphiques, des chapitres de l'histoire, etc.

Enfin, au tout dernier étage, on trouve la fin du jeu, c'est-à-dire celle de l'histoire, celle qui vous permet d'affronter le boss final. La récompense est généralement le déblocage d'un ou plusieurs nouveaux modes de jeu permettant de recommencer l'ensemble des niveaux. C'est en cela qu'elle définit la plus grande boucle de jeu.

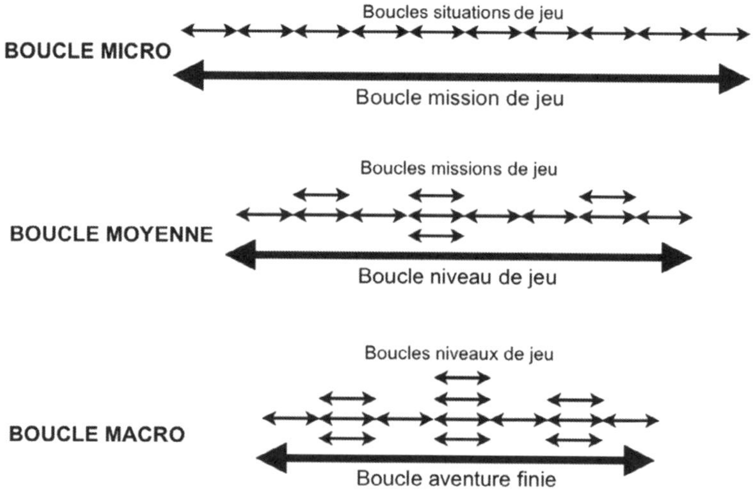

Figure I : les différents niveaux de boucles de jeu

(1) Voir *Le Guide du scénariste* de Christopher Vogler.

◈ L'exemple des boucles de World of Warcraft

Prenons l'exemple de World of Warcraft (ou WoW), sachant que tous les MMORPG (jeux de rôle multijoueurs en ligne) sont structurés de la même manière.

La boucle minimale est celle qui représente quelques secondes de jeu ; dans ce cas, le combat contre un ennemi. Qu'il s'agisse d'un ennemi isolé ou d'un groupe, le combat dure entre cinq et trente secondes, selon votre niveau et celui du monstre. Lorsque votre opposant est mort, vous le « lootez », c'est-à-dire que vous prenez sur son cadavre des objets de récompense. Un peu d'argent, un objet d'équipement pouvant avoir de la valeur... Cela représente la récompense de la boucle. Ici, l'objectif n'a pas été clairement donné par quelqu'un. Votre besoin de progression géographique, sans doute motivé par une quête ou la simple volonté d'explorer le monde, vous fait passer par des endroits infestés de monstres. Votre arrivée dans ces lieux déclenche le combat et fait ainsi émerger la mort de votre assaillant comme objectif. La plupart du temps, vous ne cherchez d'ailleurs pas à déclencher les hostilités, vous ne faites que passer. C'est le monstre qui vient vous attaquer, définissant ainsi par défaut l'objectif de le tuer pour survivre. Cette boucle de base va se répéter continuellement et constituer la majorité du temps que vous passerez sur le jeu. Elle contient d'ailleurs dans son challenge le cœur du gameplay de WoW : le combat.

Au-dessus de la boucle basique, on trouve une boucle plus longue, celle des quêtes. Le temps nécessaire pour réussir une quête, c'est-à-dire le temps de l'expérience qu'elle définit, est variable selon sa difficulté. Néanmoins, la moyenne est de quelques minutes. Il existe plusieurs natures de quêtes : celles faites pour que vous preniez de l'expérience (XP), les autres, plus épiques, pour vous conter le scénario du jeu et vous faire vivre des moments dramatiques. L'expérience d'une quête commence par le contact avec son donneur, ou commanditaire, qui vous dresse un objectif. Lorsque le challenge est accompli, vous devez alors revenir lui parler (son état a changé visuellement) pour qu'il vous récompense. Récompense qui sera d'ailleurs bien plus importante que pour la boucle de jeu basique.

Au-dessus de la boucle des quêtes, on trouve deux autres boucles d'importance similaire. La première est celle de la région. Les quêtes sont généralement organisées par zones (géographiques). Celles-ci correspondent à des univers graphiques différents. À l'intérieur de chaque zone, plusieurs donneurs de quêtes sont présents. Vous avez « terminé » la région lorsque les donneurs de quêtes n'ont plus rien à vous proposer. Cela représente une boucle de jeu, car, d'une part, finir toutes les quêtes d'une région est un objectif intuitif et naturel chez les joueurs, et d'autre part, cela appelle au changement, au passage à la région suivante, qui sera différente graphiquement. L'impact visuel provoqué par la découverte des graphismes de la nouvelle zone constitue une forme de récompense en lui-même, un *wow effect*(1).

En parallèle, on trouve la boucle du niveau d'expérience. À chaque monstre tué, à chaque quête réussie, vous gagnez de l'expérience. Les points s'accumulent et vous permettent de passer des niveaux. À chaque niveau franchi, vos caractéristiques augmentent, ce qui vous rend plus puissant. Vous êtes alors autorisé à utiliser de nouvelles armes, porter de nouvelles armures, donc à affronter de nouveaux monstres, pénétrer dans de nouvelles zones et entrer dans de nouveaux donjons. En cela, le passage d'un niveau d'expérience définit une boucle de jeu.

Une autre boucle, plus spécifique, est constituée par les donjons dans lesquels vous entrez en groupe de cinq joueurs. Il

(1) Il s'agit de l'effet de surprise et de ravissement à la vue de quelque chose (une technologie épatante, des graphismes sensationnels, etc.).

existe également des donjons prévus pour dix ou vingt-cinq joueurs, mais ils sont plus rares et demandent un niveau d'expérience plus expert. Dans les donjons de cinq joueurs, le temps de jeu s'étire de quarante-cinq minutes à une heure. Ils sont découpés en plusieurs sections sanctionnées par l'affrontement obligatoire avec un boss. La boucle interne au donjon correspond alors à la progession entre chaque boss et représente approximativement quinze minutes de jeu. Chaque boss, lorsqu'il est vaincu, offre de très belles récompenses sous forme d'équipements et d'armes rares ou légendaires.

En continuant à monter dans la hiérarchie des boucles de jeu de WoW, on remarque que tous les deux niveaux d'expériences, le joueur peut aller chez un maître de sa classe pour acheter de nouvelles compétences. L'objectif est expliqué dès le début du jeu, il se répète tout au long des quatre-vingt niveaux que le jeu prévoit pour l'instant. Le challenge est de prendre ces deux niveaux d'expérience, la récompense est l'accès aux nouvelles compétences.

Encore au-dessus, à certains caps de niveaux, il est possible d'acheter des montures, ce qui ne constitue pas une boucle en soi, mais génère une forte motivation, car il s'agit bien d'une récompense pour avoir réussi à atteindre le seuil correspondant.

Enfin, le dernier niveau de boucle de jeu s'actualise lorsque le joueur croit enfin avoir terminé le jeu, c'est-à-dire lorsqu'il a atteint le dernier niveau d'expérience possible. Le jeu passe alors à une deuxième vie. Alors qu'il s'agissait auparavant d'une expérience linéaire, parfois en groupe de joueurs, parfois seul, à partir de ce moment le jeu impose d'évoluer à plusieurs pour progresser.

Dans un premier temps, les donjons de haut niveau peuvent être rejoués en mode héroïque, autorisant une revisite récompensée par le gain de nouveaux équipements encore plus puissants.

À partir de là, le fil rouge du jeu n'est plus la progression dans les niveaux d'expérience, mais la progression de l'équipement, le *stuff*. Cette nouvelle vie du jeu correspond à un niveau de difficulté supérieur, adressé au minimum aux gamers.

Après avoir achevé les donjons en mode héroïque, les joueurs se regroupent alors en raid de dix ou vingt-cinq joueurs afin d'aller se mesurer à de nouveaux donjons spécifiques de très haut niveau, qui leur offriront des challenges inédits et supérieurs, mais surtout des récompenses inaccessibles autrement.

Image 12 : World of Warcraft (Blizzard Entertainment). Un exemple de MMORPG.

L'invention du *almost* par Blizzard

L'analyse qui vient d'être faite sur le découpage en boucles de jeu de World of Warcraft ne serait pas complète sans parler des notions très *roleplay*[1] de métiers, d'achat et de vente d'objets, de *farming*, etc. Cet ensemble d'actions possibles représente des boucles supplémentaires, toutes simples et faciles à

(1) Comme pour un jeu de rôle papier traditionnel, la dimension du *roleplay* consiste dans le fait de jouer un personnage, avec sa façon de parler, son métier, ses activités et centres d'intérêt, son *background* (sorte d'historique).

réussir. La seule difficulté est que ces actions nécessitent un certain niveau d'expérience pour les réaliser. Le niveau des métiers ne peut augmenter qu'avec celui des points d'expérience.

Par ce principe de possibilités parallèles, qui permettent toutes d'améliorer son personnage et donc de le rendre plus puissant en combat, Blizzard utilise un principe identifié lors du premier Diablo et que l'on voit rarement dans d'autres jeux.

Il s'agit du principe du *almost*. L'idée repose sur la possession de plusieurs objectifs en parallèle. À chaque instant, le joueur compte plusieurs objectifs qui correspondent à plusieurs niveaux de boucles de jeux. Certaines sont liées entre elles, d'autres non. Dans tous les cas, à chaque instant du jeu, le joueur peut mettre en œuvre des boucles très courtes, de l'ordre de quelques secondes, jusqu'à des boucles de plusieurs minutes, voire plusieurs heures. Dans cet éventail continuel de possibilités, tous les joueurs s'y retrouvent. L'accomplissement d'une boucle en amorce une nouvelle et ainsi de suite, appelant toujours le joueur à faire quelque chose et donc à rester dans le jeu.

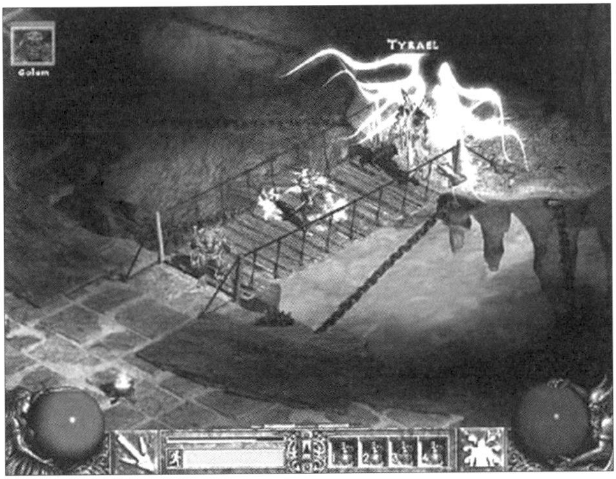

Image 13 : *Diablo II. L'invention du* almost *par Blizzard.*

Eric Schaefer, un des créateur de Diablo, en parle dans un article(1), démontrant la conscience et la maîtrise du langage vidéoludique de Blizzard, montrant à quel point leurs succès ne sont pas dus au hasard.

Qu'est-ce qu'une récompense ?

Avec la boucle de jeu, se pose le problème de la définition d'une récompense. La notion de récompense, ou *reward*, possède toujours les caractéristiques suivantes :

- Elle est toujours liée à l'**accomplissement d'un challenge ;**
- Elle doit toujours être **proportionnelle à l'effort fourni** et être en accord avec l'attente du joueur ;
- Elle peut prendre **plusieurs formes ;**
- Elle doit toujours être en **corrélation avec l'univers.**

Pour maîtriser l'ensemble des récompenses qui seront distribuées dans le jeu, vous devez donc définir un *reward system*, c'est-à-dire définir l'ensemble de la structure des boucles de gameplay, les caractéristiques précédemment citées définissant les différentes natures et fréquences de ces récompenses. Il est important de comprendre que selon le type de joueur ciblé, hardcore ou casual, la nature de vos récompenses peut (et doit) varier.

On peut les classer en deux catégories simples.

- **Éléments servant directement le jeu :**
  - Nouvelle fonctionnalité offrant des possibilités inédites d'action et de challenge,
  - Élément de renforcement (potion de vie, armure, équipement, etc.) ;

(1) http://www.gamasutra.com/view/feature/3124/postmortem_blizzards_diablo_ii.php

- **Éléments liés à l'univers** et à la relation affective du joueur avec lui et les personnages, mais qui ne servent pas directement le gameplay :
  - Cinématique,
  - Élément décoratif de customisation,
  - Élément de franchise (un extrait de film, par exemple),
  - Making-off du jeu, etc.

Pour les casual gamers, les éléments affectifs d'univers sont importants, tout comme pour les enfants (qui peuvent aussi être des hardcore gamers). Pour les hardcore gamers, les récompenses permettant d'améliorer les possibilités de jeu sont évidemment à recommander.

Pour clore sur la notion de boucle de gameplay, il est important de garder en tête qu'elle est l'outil principal vous offrant la possibilité de fabriquer et de contrôler le rythme de votre jeu. Les boucles de gameplay *sont* le rythme de votre jeu.

b - La motivation

La motivation du joueur correspond à son envie de jouer. Nous avons vu précédemment les trois étapes qui permettaient d'attirer un joueur : voir, essayer, rester. Il s'agit maintenant de creuser l'étape « rester ». Le degré de motivation des joueurs est aussi le thermomètre de leur plaisir.

N'oublions jamais que le jeu vidéo est une activité interactive. Le plaisir d'un spectateur est linéaire et passif, la qualité de son expérience se mesure d'abord au fait qu'il reste, ensuite à la perception du plaisir éprouvé. Le jeu vidéo n'est pas aussi transparent. Le joueur n'a pas le même recul pour apprécier ce qu'il consomme, car il fait partie de la fiction et de l'action. La qualité de son expérience se mesure donc bien plus à son envie de continuer ou d'y revenir, même si, comme un spectateur, il reste capable de juger de la qualité de réalisation générale.

Axe de la motivation

Le macro-outil précédent exposait l'importance des boucles de gameplay et plus particulièrement celle de la récompense. Une grande partie du système de motivation se construit à partir de la notion de boucle et surtout d'équilibre (anticipé) entre challenge et récompense. Le principe qui va suivre a été défini par David Ghozland(1) et permet de créer un système, une sorte de boucle de motivation, directement architecturée autour de la boucle de gameplay. Parce que les boucles de jeu comportent plusieurs dimensions, ce système de motivation offre le même type de possibilités.

Dans ce système, la motivation se définit de la manière suivante :

- La motivation dépend des **besoins** du joueur ;
- Ces besoins sont créés par l'accord tacite qui relie le joueur à la **promesse univers/gameplay** faite par le jeu. Par exemple, en tuant un monstre de RPG, on s'attend à gagner de l'argent, de l'expérience ou de l'équipement.

Construire un système de motivation, c'est construire un système de création et de complétion des besoins du joueur. Pour cela, on définit quatre paramètres :

- **L'état du joueur** au moment du challenge ;
- **Les besoins du joueur** au moment du challenge ;

(1) http://www.gamasutra.com/view/feature/1419/designing_for_motivatio

- **Le niveau de la récompense** que le joueur espère obtenir (et non pas celle qu'il obtient) ;
- **La difficulté anticipée** du challenge qui commence. Si le joueur est à l'aise, la valeur est haute, si le joueur a des doutes sur ses compétences face au challenge, la valeur est basse.

La motivation se calcule à l'aide d'une équation simple :

Motivation (ej) = besoins (ej) x challenge (ej) x récompense (ej)

Le (ej) représente l'état du joueur (son niveau, ses capacités) dans le temps et représente donc un paramètre à part entière. Dans cette équation, on remarque d'abord qu'aucun des trois paramètres de la partie droite ne peut être nul, sous peine de ne pas créer de motivation du tout. Chacun des trois paramètres est donc indispensable à sa création. L'intérêt de cette équation n'est pas d'y placer des valeurs et de se lancer dans un calcul mathématique rigoureux. Il s'agit surtout de prendre conscience des éléments qui fabriquent la motivation, de leur relation, et par là, des possibilités qui vous sont offertes en tant que créateur de jeu.

Ainsi, chaque paramètre de l'équation peut constituer l'axe de motivation du jeu. On peut sélectionner les possibilités suivantes :

- **La motivation basée sur la récompense :** par exemple, dans les jeux de rôle à donjons (RPG) comme Diablo, le joueur est toujours à la recherche d'une nouvelle récompense de stuff ;
- **La motivation par le besoin :** dans Starcraft, comme la plupart des RTS, le joueur expérimente un besoin continuel de ressources ;

- **La motivation par le challenge :** dans les jeux de combat ou de sport, comme Tekken, la motivation est liée à la progression des compétences du joueur lui-même ;
- **La motivation par les capacités du personnage (état du joueur) :** dans les jeux de *shoot'em up* (littéralement « descendez-les tous ») ou les FPS, les possibilités du personnage peuvent augmenter ou diminuer selon les armes qu'il trouve.

On peut également trouver des systèmes hybrides, c'est-à-dire mélangeant les paramètres avec des dosages différents. L'intérêt de cet outil est de permettre d'anticiper sur la création du système de motivation, avant que le jeu ne soit créé. Cela autorise l'identification de l'axe principal de motivation, autour duquel l'ensemble des besoins et des récompenses viennent s'agencer, et sur lequel les boucles de gameplay vont aussi se structurer et organiser le jeu et son rythme.

Théories de la motivation

Les théories de la motivation on vu le jour au milieu du XXe siècle avec la pyramide de Maslov. Elle définit l'équilibre entre les besoins et la satisfaction. Plus tard, d'autres travaux ont analysé la motivation au travail. Il existe trois types de motivation :

- **L'amotivation**, c'est-à-dire l'absence de motivation ;
- **La motivation externe**, qui caractérise une envie générée par des éléments externes au joueur (récompenses, comparaison lors de compétitions, pression sociale, etc.) ;
- **La motivation interne**, qui correspond à la volonté personnelle et profonde du joueur de s'investir dans une activité dont il retire des bénéfices qu'il sait évaluer (plaisir, détente, etc.).

On peut ensuite les diviser en sous-catégories.

Non motivé ⟶ Autodéterminé

Amotivation	Motivation externe		Motivation interne	
aucune motivation	motivation involontaire	motivation socio-injectée	motivation assumée	motivation profonde

Figure *m* : axe de la motivation

La motivation involontaire montre un engagement de jeu généré par l'obtention de récompenses. La motivation socio-injectée est liée à la relation sociale. Les joueurs jouent pour obtenir des compliments, pour montrer qu'ils sont les meilleurs. La motivation assumée correspond à des joueurs qui jouent pour le plaisir que cela leur apporte, pour le développement personnel qu'ils en tirent et qu'ils assument pleinement et personnellement. Enfin, la motivation profonde est liée à l'estime de soi, à une philosophie de vie. Si l'on reprend l'exemple de World of Warcraft et que l'on place les éléments du jeu dans ce schéma, on retrouve la progression de la motivation suivie par les joueurs, des premiers temps jusqu'à une activité hardcore.

Non motivé ⟶ Autodéterminé

Amotivation	Motivation externe		Motivation interne	
aucune motivation	motivation involontaire	motivation socio-injectée	motivation assumée	motivation profonde
	Gold drop Points d'XP	Level up Compétences augmentées	Achat de formules pour pouvoir faire de nouvelles choses. Obtention d'objets rares et uniques pour gagner une identité et ouvrir de nouvelles possibilités	Tout connaître, avoir tout exploré, diriger une guilde, être le meilleur, avoir réussi tous les achievments ...

Figure *n* :
axe de la motivation
appliqué au jeu vidéo

c - Le système de jeu

Le système ludique est l'ensemble de règles qui définissent la dimension ludique du jeu. Ce sont les tables de loi, la toile d'araignée des choses autorisées ou non à l'intérieur du jeu. Le système de jeu est un canevas figé de règles qui génèrent le dynamisme de l'activité ludique. Grâce à ces règles, le jeu est borné, il est délimité avec fermeté et possède la rigueur nécessaire pour être programmé. À l'intérieur de ce cadre, les joueurs évoluent, ils agissent en l'utilisant.

Concrètement, le système de jeu d'une conception professionnelle est censé décrire l'ensemble des fonctionnalités majeures du héros et le système de fonctionnement des ennemis. Tous les systèmes communs aux ennemis doivent y être inscrits : le fonctionnement de leur système de détection (s'ils en possèdent un), ce qu'il apporte au gameplay, leur système de déplacement et de *pathfinder* (recherche de chemins), ce qu'il apporte au jeu, le système balistique autorisant des armes chez les ennemis, etc.

Le système de jeu doit également regrouper toutes les règles structurelles comme le but du jeu, le système de sauvegarde, le fonctionnement des *checkpoints* (points de sauvegarde), le système de vie, de game over, etc.

La liste de toutes ces règles et de toutes ces lois paraît simple à dresser. Elle varie selon les jeux, même si l'on retrouve de grands éléments communs. En réalité, faire les bons choix sur l'ensemble des détails de ces règles représente une difficulté majeure. Il suffit d'un ou deux mauvais choix pour qu'un très bon jeu devienne médiocre. L'essence d'un système de jeu, c'est l'âme qui l'anime, c'est le gameplay dynamique qu'il induit.

Prenons l'exemple de Pac-Man. Le cœur de jeu se base sur le déplacement de son personnage dans un labyrinthe, en 2D, en anticipant les trajectoires des ennemis. Le fun du jeu consiste à ne pas se faire toucher. Partant de ce cœur de jeu, le système de jeu peut alors se résumer à cela :

- Le héros est poursuivi dans un labyrinthe par des fantômes qui le tuent au moindre contact ;
- Le héros doit manger toutes les pastilles du labyrinthe pour gagner ;
- Lorsqu'il croque une grosse pastille, le principe s'inverse : le héros devient poursuivant et peut croquer les fantômes pendant un temps limité.

Bien sûr, le document professionnel de game design doit décrire toutes les règles et les développer très exhaustivement. Néanmoins, et c'est là mon propos, il ne faut pas se noyer dans un entrelacs de petites règles qui s'équilibrent et se relient les unes aux autres. Le système doit rester simple, clair, pour être puissant. N'oubliez jamais que vous devez produire du jeu. Il est conseillé de produire un système de jeu à deux étages.

Le premier est l'équivalent des règles citées pour Pac-Man. En quelques lois, vous devez avoir défini un système qui produira du jeu. Cela doit être évident à l'énoncé des règles structurelles. Le second est l'ensemble des petites règles qui viendront cadrer les détails et équilibrer le quotidien du jeu.

Prenons un autre exemple, celui du football :

- Onze joueurs et un but dans chaque équipe ;
- Chaque équipe doit mettre le ballon dans le but de l'équipe adverse ;
- Les joueurs n'ont pas le droit de toucher le ballon avec les mains, excepté le gardien de but qui doit rester dans une zone définie.

Une fois ce premier étage identifié, il reste à définir le second : le temps de jeu, les règles de hors jeu, ce qui se passe quand le ballon sort du terrain, quand il y a un blessé, etc. Ce sont alors toutes les règles secondaires.

Le système de jeu est l'un des outils les plus difficiles à mettre en place, car c'est sans doute le plus abstrait. Néanmoins, il est d'une importance capitale et ne doit permettre aucun déséquilibre.

d - Narratif versus *systémique*

La méthode systémique et la méthode narrative sont deux écoles souvent utilisées de manière inconscience par les game designers. Leurs caractéristiques sont totalement opposées. Pourtant, il est possible de créer un jeu entièrement basé sur l'une, sur l'autre ou sur les deux à la fois.

La méthode systémique

La systémique est un moyen de comprendre ou de créer reposant sur la logique d'un système. Un système est un ensemble d'éléments interagissant entre eux selon des principes ou des règles. Dans un jeu, cette méthode correspond donc à la création d'un système de jeu en tant que tissage de règles et de mécanismes.

Elle définit la notion de combinaisons non prévues d'interactions effectuées par le joueur. Elle permet alors de produire des parties toujours différentes à partir du même système. Elle donne naissance aux principes de bac à sable et d'émergence, puisqu'elle autorise des combinaisons d'actions infinies. Elle n'induit pas une fin vers laquelle le joueur se dirige inexorablement, elle laisse libre et ouvert l'ensemble des développements de la partie, des orientations qu'elle prendra et des fins possibles. Elle n'offre pas la création d'une tension, car elle n'induit pas naturellement une convergence de la partie vers un point nodal du jeu. En résumé, la partie n'est pas écrite à l'avance. Seul le cadre dans lequel elle se déroule est prédéfini, comme une sorte d'écosystème.

Néanmoins, des mécanismes supplémentaires permettent de créer de la tension et des émotions de jeu, dont l'intensité et la nature sont proches de celles de la dramaturgie. En effet, les notions de victoire ou de défaite correspondent directement aux notions de mort et de vie, de malheur et de bonheur, d'accomplissement et d'échec dans la quête d'un personnage.

Dans une mécanique systémique, une situation de désavantage est synonyme de déséquilibre et donc de défaite proche. Elle-même est génératrice de tension. On l'a vu, le jeu repose sur la notion de challenge. Celui-ci est fabriqué par le rapport équilibré entre le joueur et l'obstacle – ce dernier pouvant être un joueur adverse. Lorsque l'un ou l'autre parvient à se créer un avantage, l'équilibre est rompu. Une tension s'installe et fait alors jouer autrement, crée un crescendo. On attend que l'écart se creuse ou que l'équilibre soit rétabli.

L'exemple le plus frappant est celui des jeux de football, qui ne sont jamais que le véritable reflet du sport. Des jeux comme PES (Pro Evolution Soccer) et FIFA sont des exemples parfaits de jeux systémiques. Ils obéissent à un système de jeu formé de règles. La partie n'est jamais écrite à l'avance, l'un ou l'autre des joueurs peut gagner, le match nul est aussi possible. La distorsion temporelle de la partie est également envisageable : prolongations ou tirs au but.

Dans les jeux systémiques, les joueurs fabriquent eux-mêmes leur scénario dans le cadre des règles du jeu. On pourrait presque parler d'algorithme ludique.

La méthode narrative

Elle repose sur l'utilisation d'une histoire, d'un scénario écrit à l'avance. Par définition, elle n'est donc pas dynamique, mais figée. La méthode narrative consiste à utiliser le scénario pour guider la progression du jeu. L'histoire intervient alors comme un fil rouge et permet au gameplay de se déployer et de progresser à travers différents points incontournables du récit.

Ces points sont les nœuds dramatiques qui structurent l'histoire et définissent des passages obligatoires dans la progression des événements du jeu. Cela permet de créer de la tension, de l'attachement aux personnages. C'est une des bases du système qui fabrique les émotions d'une histoire. Entre les nœuds dramatiques, il est possible de déployer autant d'événements ludiques que l'on veut, dans un ordre dont le choix est laissé ou non au joueur. La méthode narrative fonctionne toujours sur l'idée d'un début, d'un milieu et d'une fin, sur celle d'une progression, d'un arc de personnage, d'une montée dramatique et d'une notion de crescendo et de climax.

Dans un jeu narratif, toute la difficulté du game design est de marier le ludique au scénaristique. Un scénario global structure l'ensemble du jeu, chaque phase du scénario correspondant à un niveau du jeu ou à un ensemble de niveaux. L'épine dorsale est organisée par « paquets ludiques » qui s'enchaînent en suivant une structure dramatique de scénario. Chaque paquet contient un ou plusieurs levels de jeu qui suivent une organisation linéaire ou non.

La notion de level design est déjà une écriture narrative. En effet, un level design n'enchaîne pas les situations de jeu par hasard. Nous verrons plus tard qu'il obéit à une méthodologie de création rationnelle fonctionnant à deux niveaux.

- Le premier niveau est celui du ludique, l'aspect micro des situations de jeu, de leur nature, de leur difficulté, etc. D'un point de vue ludique, un niveau de jeu doit obéir à des règles de création qui définissent une notion de progression donnant un objectif de départ, pouvant passer par des phases d'apprentissage spécifiques, etc. ;
- Le deuxième correspond alors à une organisation plus globale du niveau, en phases successives ou zones qui s'enchaînent. Cette structure peut s'appuyer sur un système narratif et proposer une organisation de la progression des émotions du joueur.

Le level design est par essence un système basé sur une progression géographique et temporelle. Il induit donc des changements et des évolutions qui s'appliquent au décor et à ceux qui le peuplent, mais qui sont également en liaison directe avec le joueur et ses propres évolutions. En cela le level design comporte une structure dramatique. On peut dire que le level design fabrique une narration ludique, puisqu'il n'utilise et ne crée que des émotions de jeu.

Mixer les deux méthodes

Les deux méthodes que nous venons de voir sont totalement opposées, puisque l'une propose d'écrire à l'avance les événements, alors que l'autre repose sur l'idée qu'ils ne sont pas prédéfinissables et que seul le cadre qui les produira doit être écrit. On pourrait donc penser que si l'on fait un jeu systémique, il ne peut pas être narratif. Cela n'est qu'une idée reçue. Faire un jeu selon l'une des méthodes ne signifie pas forcément exclure l'autre.

Reprenons l'exemple de Pac-Man. S'agit-il d'un jeu systémique ou narratif ? En réalité, il est les deux à la fois. Il possède un puissant système de jeu, mais il propose des niveaux qui changent et qui pourraient parfaitement nous raconter une histoire. Imaginez qu'il y ait des cinématiques entre les niveaux, que la prise de grosses pastilles et la mort des fantômes possèdent une valeur scénaristique à l'intérieur d'un univers et d'une histoire... Imaginez un guerrier qui combat les spectres envahisseurs de son royaume et qui doit se frayer un chemin au travers de l'enfer, jusqu'à atteindre le diable en personne. Cela ressemble à Diablo, lui-même un grand mélange systémique et scénaristique. Les jeux totalement scénaristiques ou systémiques sont rares : on peut dire que Tetris est un jeu 100 % systémique, alors que les jeux d'aventure *point and click* (« pointer et cliquer ») sont totalement basés sur le scénario.

L'un des meilleurs exemples de mélange des méthodes est Zelda. Il s'agit d'un jeu d'action/aventure/RPG. Le joueur incarne un héros et progresse dans une histoire, tout en vivant l'évolution des capacités ludiques de son personnage. Les donjons sont des zones systémiques basées sur un level design, donc à scénarisation ludique.

Pourtant, Zelda procure de faibles émotions fictionnelles. Cela s'explique par le petit niveau dramaturgique du jeu, et de la plupart des jeux vidéo en général, même si un certain nombre d'entre eux proposent des scénarios de bonne qualité.

Seul l'aspect actif du scénario est pour l'instant pris en compte par les créateurs de jeu vidéo. Les notions d'arc dramatique et d'arc de personnage ne le sont pas encore. Elles le seront certainement dans les années qui viennent, car il s'agit de la dernière étape que le jeu va devoir désormais explorer.

La difficulté résidera alors dans l'identification du joueur au héros du jeu, dans la complexité à entremêler systémie et narration, gameplay et dramaturgie. Tout cela est possible : si la jouabilité est souvent maîtrisée par les créateurs, ils doivent désormais acquérir la maîtrise de son pendant dramaturgique, afin de le fondre avec intelligence à l'intérieur du jeu, mais sans doute également afin de changer l'un en l'autre.

L'aspect *consumer centric*

La mécanique *consumer centric* (« centrée sur le consommateur ») consiste à adapter les éléments du jeu au joueur. Le principe est de l'observer et de recueillir des données sur sa façon de jouer, son niveau, ce qu'il privilégie, etc.

Le jeu s'adapte ensuite de manière dynamique au joueur, afin de fabriquer l'expérience que les créateurs ont voulu qu'il vive à chaque endroit. Par exemple, dans le cas d'un passage qui doit être suffisamment critique pour que le joueur se dise qu'il va y passer, si le joueur est très bon, les réglages seront adaptés dynamiquement pour rendre le passage difficile en fonction de son niveau. Les valeurs des paramètres de jeu auraient été différentes (moins de monstres, moins de points de vie pour les monstres, plus de points de vie pour le joueur, etc.) s'il avait été un joueur faible. Quel que soit son niveau, le joueur doit vivre les émotions et l'expérience prévues. L'expérience doit être la même pour tous les joueurs. C'est donc la mission du système de jeu que d'adapter les réactions du jeu à celui qui joue.

L'intérêt de ce système est qu'il marie la notion systémique avec celle de l'écriture. Elle est la garantie du ressenti voulu par les auteurs, de l'expérience que les créateurs veulent que le joueur vive à chaque instant. Elle est donc une sorte de chaînon manquant, qui permet d'associer le modèle systémique indispensable à un bon jeu à l'aspect dramaturgique nécessaire à toute œuvre voulant créer des émotions et des sentiments de fond.

Je vous conseille donc de penser votre système de jeu avec la présence d'un *player manager*, c'est-à-dire d'un système d'intelligence artificielle capable de gérer les réactions du jeu et de les mettre au niveau nécessaire pour que le joueur vive ce qui est écrit.

e - Quelle structure de jeu ?

Nous pouvons définir la structure d'un jeu comme le système qui permet d'organiser l'espace, le temps et la progression du joueur tout au long de la partie. Selon les choix dans chacune des trois catégories, le jeu peut changer de visage.

L'espace

L'un des premiers éléments de structure que vous devez définir est celui de l'espace dans lequel votre avatar va se déplacer et agir. Avec l'espace, c'est-à-dire la géographie, vient aussi la notion de progression dans cet espace, ainsi que celle de la progression de l'espace lui-même.

On peut ainsi classer les jeux en quatre grandes familles d'espace et de progression de l'espace.

La première famille est celle des espaces à progression linéaire. Ce sont généralement des jeux à structure et à tonalité narrative fortes. Le scénario sert de fil rouge et structure l'espace. Les levels s'enchaînent les uns derrière les autres, sans réellement laisser de place à un choix non linéaire pour le joueur. Les jeux qui appartiennent à cette catégorie sont les jeux d'aventure, comme Prince of Persia, Uncharted 1 et 2, toute la série des Call of Duty comprenant les Modern Warfare et tous les FPS proposant une aventure, etc.

La deuxième famille est celle des espaces partiellement linéaires. Elle se structure sur le principe des *warp rooms*. Une warp room est un espace carrefour, une sorte de place centrale d'où il est possible de se rendre dans plusieurs univers différents. Cette place peut revêtir différentes formes et être de taille variable. Les premiers Crash Bandicoot (Sony) possèdent un espace réduit de quelques mètres carrés qui permet de prendre une porte pour entrer dans un niveau. La warp room comporte toujours cinq portes, donc cinq niveaux à réussir. Une fois cela complété, une sixième porte s'ouvre pour donner l'accès au boss. Et le boss battu, un accès à la prochaine warp room est donné. La série des Zelda est construite sur le même modèle. Le monde du jeu, c'est-à-dire la campagne et les univers extérieurs, sert de warp room. Dans les différentes régions, on trouve des donjons, qui sont l'équivalent de niveaux de jeu. Le joueur peut les faire dans l'ordre qu'il désire. Une fois qu'il a réussi les niveaux prévus, une nouvelle zone extérieure s'ouvre, contenant de nouveaux donjons.

La troisième famille est celle des mondes ouverts. Ici, la progression géographique n'est pas le fil rouge du jeu. Dès le début, le monde est ouvert et le joueur peut s'y promener à loisir. GTA est le meilleur exemple pour ce type de jeu. Le scénario est alors le fil qui guide la progression de l'expérience de jeu. Plusieurs missions sont disponibles, que le joueur peut faire dans l'ordre qu'il désire. Lorsque le scénario l'impose lors d'un nœud dramatique, comme un passage d'acte, une seule mission est disponible. À mesure qu'il avance dans les missions, le joueur débloque de nouveaux éléments de jeu : nouveaux véhicules, nouvelles armes, nouveaux points de sauvegarde, etc. Même l'espace de jeu peut être débloqué. Dans tous les GTA, de nouvelles îles ou parties de ville sont disponibles au fur et à mesure de la progression.

Enfin, la quatrième et dernière famille est celle des jeux intégralement systémiques. Ici, la géographie ne détermine pas la progression du joueur. L'espace est intégralement ouvert, le joueur en fait ce qu'il désire. C'est l'exemple du jeu de foot, comme PES ou FIFA, où l'intégralité du terrain est disponible dès le début ; c'est également le cas de Tetris ou bien de SimCity (EA).

Le temps

L'organisation du temps dans la structure de jeu est primordiale, car elle définit la tonalité de votre rythme. Pour cette raison, vous devez toujours la construire en pensant à votre cible, l'adapter en fonction du type de joueur (hardcore ou casual). L'organisation du temps détermine la structure de la partition du jeu, elle pose les bases de la musique que vous allez proposer au joueur. Pour cela, vous devez la considérer sous deux angles différents.

Le premier est celui du temps passé dans chaque cœur de jeu. Voici, par exemple, la structure d'un épisode des jeux d'équitation Alexandra Ledermann (Ubisoft) sur Wii, tel qu'il a été pensé. Le jeu comporte trois cœurs de jeu : l'aventure (dialogues, missions et RTC – *real time cinematics*), les soins (s'occuper d'un poulain, le brosser, gagner la confiance des chevaux, approcher des chevaux sauvages pour les apprivoiser) et enfin la compétition à proprement parler (parcours de saut, de cross, etc.). On a donc effectué une projection de ce que l'on estimait comme pourcentage de temps passé par le joueur – ou plutôt la joueuse, étant donné la cible du jeu – dans chacun de ces ateliers de jeu.

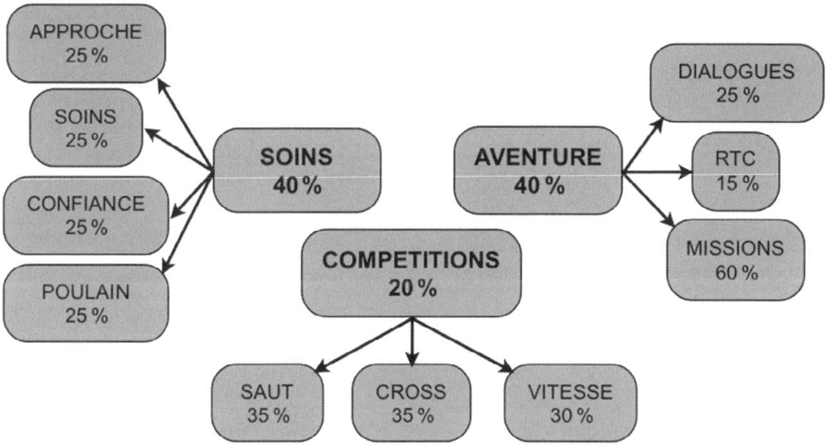

Figure *o* : répartition du temps de jeu par activité ludique

L'intérêt de cette démarche est d'amener de la cohérence et du contrôle dans l'utilisation des fonctionnalités et des cœurs de jeu tels qu'on les imagine. Rien ne sert de penser à un cœur de jeu coûteux et très profond, si c'est pour qu'il ne serve qu'une demi-heure. Cela permet également de voir si un cœur est sous-exploité et par là, cela amène à optimiser le temps de jeu en fonction de la puissance ludique des différents noyaux de jeu. On peut alors prévoir au plus juste les différentes fonctionnalités et ne pas fabriquer des choses qui ne serviront pas au jeu mais coûteront du temps et de l'argent, baissant la qualité globale du jeu – car l'argent dépensé pour des choses peu ou mal utilisées ne l'est pas pour celles qui servent vraiment.

Le deuxième angle pour aborder l'organisation du temps est celui de son déroulement. Dans quel ordre les choses vont se dérouler, quels sont les espaces que le joueur va visiter, combien de temps, etc. Pour faire cela, vous avez besoin de définir le temps de jeu nécessaire à votre boucle de jeu moyenne. Cela signifie que votre unité de temps sera celle de la boucle moyenne : une mission, une quête, un level, etc. Vous devez donc définir la manière dont vos levels s'organisent en groupes non linéaires et s'enchaînent, où se placent les boss, quel temps de jeu moyen vous allez attribuer à un level, etc. Voici pour un jeu à niveaux organisés en warp room, un exemple de structure temporelle telle que vous devez la penser.

CŒURS DE JEU (pour un temps total de 10 h de jeu)	
AVENTURE = 40 % du temps total de jeu = 4 h	Dialogues = 25 % de l'aventure = 1 h de jeu
	Real time cinematics = 15 % de l'aventure = 36 mn de jeu
	Missions = 60 % de l'aventure = 2 h 24 de jeu
SOINS = 40 % du temps total de jeu = 4 h	Approche = 25 % de l'aventure = 1 h de jeu
	Soins (brossage, lavage, etc.) = 25 % de l'aventure = 1 h de jeu
	Confiance = 25 % de l'aventure = 1 h de jeu
	Poulain = 25 % de l'aventure = 1 h de jeu
COMPÉTITIONS = 20 % du temps total de jeu = 4 h	Saut = 35 % de l'aventure = 42 mn de jeu
	Vitesse = 35 % de l'aventure = 42 mn de jeu
	Cross = 30 % de l'aventure = 36 mn de jeu

Figure *p* : répartition détaillée du temps de jeu

L'intérêt de cette analyse est de vous permettre encore une fois de contrôler la quantité et donc la qualité de votre jeu. Plus votre vision est claire, plus elle sera maîtrisée. En définissant le temps moyen d'un niveau, vous posez la base de votre métronome. À partir de là, l'intégralité de votre ossature temporelle et rythmique se fait naturellement et vous permet d'atteindre le temps général de jeu que vous fixez. Huit heures de jeu est un temps moyen pour un produit international grand public aujourd'hui, sans compter les temps de revisite.

Grâce à ce type de schéma vous définissez donc le nombre de levels dont vous avez besoin et, selon votre budget et votre temps de développement, vous serez alors en mesure de déterminer la quantité nécessaire d'univers graphiques différents. Un univers graphique peut permettre de fabriquer plusieurs niveaux de jeu. Par exemple, l'univers graphique « forêt » peut être exploité plusieurs fois, c'est-à-dire sur plusieurs niveaux de jeu. Pour limiter le coût de développement tout en amenant de la variété, vous pouvez fabriquer des nuances d'un même univers : de la forêt de demi-saison, sous la neige, la nuit, etc. Si la technologie le permet, vous pouvez imaginer la même forêt sous des lumières différentes, ce qui vous amènera énormément de variété.

Image 14 : *Alexandra Ledermann sur Wii. Contrôle du temps de jeu.*

La progression

Elle représente l'évolution ludique que va vivre le joueur. Par évolution ludique, il faut entendre les nouvelles capacités, les nouveaux gameplays ou nouvelles façons de jouer, les moments forts qui vont marquer le joueur, etc. Définir la progression ludique du joueur, c'est d'abord définir le fil rouge que suivra le jeu. Le fil rouge est l'élément qui permet de mesurer la progression du joueur du début à la fin du jeu. Par exemple, le niveau d'expérience dans un RPG, ou bien l'argent, les fonctionnalités débloquées, etc.

Il est fréquemment associé à la notion de motivation : il représente en effet souvent l'élément central de motivation permettant au joueur de progresser. Par exemple, il s'agit du niveau d'expérience dans World of Warcraft.

Il est possible d'avoir deux ou plusieurs fils rouges qui se passent le relais dans un même jeu. Reprenons le même exemple de World of Warcraft : c'est d'abord le niveau d'expérience, ensuite le stuff, c'est-à-dire l'équipement épique, qui amènent les joueurs vers des heures de raid.

Au final, vous devrez savoir mixer toutes les progressions lors d'un schéma unique. Voici un exemple pour un jeu à niveaux de type Prince of Persia (Ubisoft), architecturé autour d'un scénario et d'un système combats/plateformes.

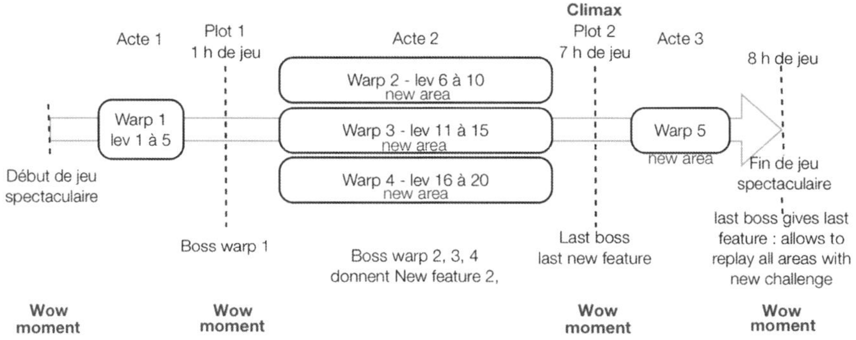

Figure *q* : exemple de structure de progression

f - L'accessibilité

L'accessibilité dans le jeu vidéo est une notion qui, il y a encore quelques années, était diluée à l'intérieur du game design. Comme beaucoup de spécialités à part entière, entassées dans le tiroir du game design, elle était mal cernée, mal définie, alors qu'elle représente un poste de production à part entière.

Avec l'apparition de liens entre le jeu vidéo et la psychologie, en particulier la psychologie cognitive, la notion d'accessibilité est devenue majeure dans le jeu vidéo. Elle est exposée dans cet ouvrage parce que les game designers doivent connaître le travail de l'accessibilité et en tenir compte dès la conception. La meilleure façon est d'ailleurs d'intégrer un ergonome dès les premières phases de conception.

L'accessibilité se définit selon trois caractéristiques :

- **L'utilisabilité :** c'est-à-dire la façon dont le jeu est utilisé. L'objectif de cette caractéristique est d'éviter les frustrations du joueur ;
- **L'apprentissage :** apprendre demande toujours un effort, il s'agit donc de rendre l'apprentissage du jeu amusant ;
- **La gestion de la difficulté :** régler les paramètres de difficulté et les rendre tangibles pour tous les niveaux de difficulté que représentent tous les profils de joueurs ciblés.

Pour construire l'accessibilité, il est possible d'utiliser des outils concrets qui permettent d'en garantir la qualité quel que soit le produit. Ces outils se regroupent en deux grandes familles.

Éviter la confusion

L'objectif est réalisable en utilisant trois outils.

Les signes et feed-back. Nous les avons développés plus tôt, rappelons simplement que les signes guident et motivent l'action du joueur, alors que les feed-back sont la réponse du jeu aux actions du joueur. Le feed-back a pour fonction de donner des informations au joueur sur les conséquences de ses actions dans le jeu ;

La perceptibilité des informations relatives au jeu. Elles doivent toujours être facilement perceptibles (large corps de police de caractères, vocabulaire adapté, hiérarchie visuelle, couleurs, fréquence, volume sonore, vibrations de manette ou d'écran, etc.), faciles à comprendre (message adapté à l'univers et à l'action) et organisées de manière logique afin de faciliter leur aspect intuitif ;

La cohérence des informations données en relation avec la forme les transmettant. Les ergonomes s'accordent à donner une règle simple : une forme pour une fonction. Les mêmes choses doivent avoir les mêmes sens et les mêmes comportements. Les choses différentes auront des sens variés et des comportements divers. Il faut aussi prendre garde au piège de la culture des joueurs. La cohérence d'un jeu doit aussi prendre en considération ce qui s'est fait dans les autres jeux du même type. La culture du joueur est primordiale, elle doit obligatoirement être connue et prise en compte.

Rendre le jeu confortable pour le joueur

Là aussi, trois outils permettent de fabriquer le confort de jeu.

- **La charge de travail doit être minimale.** Le joueur n'est pas là pour travailler, il doit donc passer le plus de temps à jouer sans rencontrer d'obstacles frustrants. Par exemple, la notion de charge mentale est très importante. Un individu normal assimile en moyenne cinq ou six informations d'affilée. Il ne sert donc à rien de fabriquer des tutoriaux à rallonge, car le joueur ne les mémorisera pas. De la même manière, toutes les actions qui ne sont pas en lien direct avec le gameplay doivent demander un minimum d'effort, par exemple la navigation dans les menus ;
- **Le joueur ne doit pas s'ennuyer ou mourir en dehors des phases de jeu.** Il est donc important de l'aider ou de le prévenir lorsqu'il se trompe ou prend des risques qui n'entrent pas directement dans les boucles de jeu ;
- **Chaque joueur est unique et doit pouvoir customiser le jeu selon ses envies.** La customisation est réflexive. Le joueur doit pouvoir adapter le jeu à son niveau, ses goûts et ses envies (choisir la difficulté, les challenges, etc.), mais le jeu doit aussi être capable de s'adapter de lui-même au niveau et aux caractéristiques du joueur. C'est l'exemple des checkpoints qui s'adaptent aux difficultés du joueur dans Crash Bandicoot.

Chapitre 4

La représentation

Par le mot « représentation », il faut comprendre : tout ce qui participe à la forme artistique du jeu. Celle-ci est le vecteur par lequel le joueur se laisse séduire plus ou moins consciemment, et plonge dans la fiction à l'intérieur de laquelle vous devez le tenir immergé si vous voulez lui faire vivre une expérience de qualité.

La représentation est donc l'outil de l'immersion, c'est pourquoi je ne la limite pas au graphisme et aux arts visuels, mais je l'étends au son, à la musique et à la notion de mise en scène, dans un espace à l'intérieur duquel le joueur/acteur va devoir évoluer.

Les outils qui sont présentés maintenant correspondent aux grands choix artistiques traditionnels enseignés dans les ouvrages et les écoles d'art. Ils ne sont donc pas le sujet central de cet ouvrage, mais nous devons les inclure dans le travail de conception de jeu vidéo, car ils créent un ressenti indispensable et fondateur. Il faut donc en évoquer les éléments essentiels qui servent la conception d'un jeu.

A- Le style

Le style graphique définit le traité visuel que vous allez choisir. Par traité, il faut entendre « choix du trait ». Le style graphique est donc le type de trait, de tracé. Dans quel genre de traité allez-vous positionner le jeu et l'ensemble du ressenti visuel ? S'agit-il d'un traité cartoon, réaliste, photoréaliste ? Ces trois exemples représentent de grandes catégories, et le choix du style graphique commence par ce positionnement global.

Ensuite, il vous faut affiner votre choix. Si vous positionnez votre jeu dans le cartoon, vous devrez mieux définir votre terme. Cartoon peut être compris comme « dessin animé », c'est-à-dire un univers vaste de styles graphiques différents. Serez-vous proche des styles graphiques des univers de Pixar (*Toy Story*), irez-vous du côté de Hayao Miyazaki (*Princesse Mononoké*) ou bien plutôt dans la culture des comics et des super héros ?

Et si vous choisissez l'univers des comics, quel trait allez-vous privilégier ? Irez-vous vers le style de Jack Kirby (*X-Men*) ou vers celui de Frank Miller (*Daredevil*, *Sin City*) ?

La définition du style graphique porte sur un choix précis de références, c'est-à-dire des auteurs repères, qui caractérisent par leur trait un style graphique précis, porteur de sensations et donc de tonalité.

La notion de style n'est pas uniquement présente dans le graphisme et par le trait. Elle est aussi marquée par les choix sonores que vous allez faire. Là aussi, un choix de style est très important et il devra définir la famille sonore historique à laquelle vous appartiendrez. Par sonore, il faut comprendre à la fois bruitages et musiques. De la même façon que pour les graphismes, on choisira une famille cartoon, réaliste, etc.

Bien entendu, les choix de styles que vous ferez, à la fois sonores et visuels, doivent être en adéquation. Leur association doit véritablement produire quelque chose et apporter des sensations.

B- L'ambiance

Elle concerne directement notre ressenti, donc les sensations et les émotions que le jeu produit en nous par la représentation. Du coté graphique et visuel, l'ambiance peut se définir grâce à deux éléments indispensables.

La couleur

Selon les teintes choisies, les dominantes, la saturation, la dilution, vous teintez votre image et définissez une tonalité. Entre les choix de couleurs d'un Ico, d'un Shadow of the Colossus et ceux d'un Prince of Persia ou d'un God of War, les sensations que vous fabriquez ne sont pas les mêmes. La colorimétrie est donc l'un des domaines essentiels dans le choix de l'ambiance et par là des sensations que vous fabriquez.

La lumière

Elle est complémentaire de la couleur. Entre le sombre et le brûlé, une immense variété de palettes de lumières et de types d'éclairages est disponible. La lumière est un élément très puissant dans la construction de votre ambiance, car non seulement elle donne une tonalité émotive positive ou négative, mais elle influe également sur le style général par le choix du type d'éclairage. Un exemple probant est celui d'une lumière expressionniste où les ombres sont marquées et toujours démesurées, où la lumière n'est jamais générale mais toujours ponctuelle, où les ombres sont toujours distordues, démesurées. La lumière modèle l'espace et rend les choses visibles ou invisibles. Elle constitue un choix majeur.

Image 15 :
Ico (Team Ico). Une ambiance poétique.

Le son

Du coté sonore, on parle également de couleur des sons, c'est-à-dire des émotions que les sons et la musique doivent produire. L'ambiance sonore se définit aussi par le type de traitement que l'on décide d'avoir. Le traitement concerne le genre d'effet et le type de diffusion que l'on choisit.

La mise en scène

Du point de vue de la mise en scène, c'est dans la nature des décors ou des personnages que vous rencontrez que se fabrique l'ambiance. Le choix de la temporalité vient aussi renforcer les sensations. Entre un parc arboré en plein soleil et un vieux chantier de nuit, les ambiances sont forcément nettement différentes. Si votre route vous amène à croiser des clowns assassins ou au contraire des marmottes bien mignonnes et gentilles, l'ambiance elle aussi sera différente. Ces éléments peuvent paraître évidents, mais il s'agit bien de choix difficiles, si vous cherchez la finesse, la justesse et surtout l'originalité. Alfred Hitchcock expliquait que pour créer le suspens, il utilisait souvent le décalage de lieu et de temps. Par exemple, la scène de *La Mort aux trousses* qui se déroule à un carrefour, de jour et en pleine campagne, et où Cary Grant se fait attaquer par un avion, est le parfait contre-pied d'une scène où l'homme se fait mitrailler par une limousine noire, de nuit, sur un trottoir pluvieux de ville américaine.

C- L'habillage

L'habillage d'un jeu vidéo doit être pris au sens d'habillage audiovisuel tel qu'il existe quand on parle de génériques d'émissions ou d'habillages de chaînes de télévision. Un jeu représente en moyenne huit heures d'utilisation, et donc d'habillage. Moins qu'une chaîne de télévision, son habillage est tout de même plus regardé que celui d'une émission qui ne dure que cinquante-deux minutes.

L'habillage d'un jeu vidéo concerne généralement les éléments qui suivent.

Le générique

Comment le jeu commence-t-il, que se passe-t-il avant d'arriver au premier écran de menu, que se passe-t-il lorsqu'on lance le jeu pour la première fois, à quoi ressemble l'écran de credits ? Il s'agit bien d'une notion différente des menus, puisque cela concerne tout ce qui n'est pas du temps de jeu ou du temps consacré au menu. On peut prendre le mot « générique » au sens cinématographique du terme, c'est-à-dire lorsque les premières images apparaissent et que les noms des créateurs sont affichés en même temps que les images du début du film se lancent. Dans le jeu, il est également possible de faire cela en rendant le générique interactif. Le premier niveau de LittleBigPlanet (Sony) vous fait contrôler un personnage que vous déplacez dans le niveau, faisant apparaître les noms de l'équipe de développement.

Les menus

Le menu central, ainsi que le menu pause, sont les deux écrans du jeu que chaque joueur voit le plus. Ils sont donc un espace d'affichage privilégié, que vous devez utiliser pour transmettre de l'ambiance et commencer l'immersion du joueur. Les menus sont une entité interactive à eux seuls. Ils possèdent un système d'interaction, des contrôles, une accessibilité, un travail graphique et sonore qui peuvent différer de ceux du jeu. Néanmoins, vous devrez avoir un œil attentif et une exigence forte pour que ces menus soient à la fois qualitatifs, dans le ton du jeu et qu'ils ne coûtent pas trop cher. En effet, développer des menus représente un temps de travail important et cela est souvent négligé dans le coût total d'une production.

Les GUI

Les *graphic user interfaces*, c'est-à-dire l'ensemble des interfaces affichées pendant le jeu, sont elles aussi un vecteur fondamental de l'habillage et de la cohérence dans l'immersion du jeu. Elles sont continuellement présentes à l'écran, même si aujourd'hui leur affichage a tendance à n'être qu'épisodique afin d'aider l'immersion. Le portrait du personnage, sa barre de vie, etc., sont autant d'éléments d'habillage dont vous devez prendre soin et pour lesquels il faut effectuer un choix artistique en cohérence avec le reste de l'habillage.

D- L'œil vidéo

Les machines d'aujourd'hui sont extrêmement puissantes et autorisent des jeux dans une 3D fluide, capable de simuler des univers cohérents. Filmer de la 3D est sensiblement équivalent à filmer du *live action*, c'est-à-dire de vrais comédiens dans des décors réels. Vous devez placer la caméra en 3D, penser vos raccords, les mouvements des personnages, la profondeur de champ, la lumière, etc. Les caméras peuvent effectuer des trajets incomparables dans un univers 3D, mais cela ne fait pas le film.

La caméra de jeu est une caméra 3D. Les machines actuelles offrent au jeu les mêmes possibilités que celles que l'on voit au cinéma. Bien sûr, les très gros plans sont déconseillés, mais ils restent possibles s'ils sont faits dans un cadre maîtrisé.

La notion d'œil vidéo représente donc toutes les possibilités que la caméra de jeu possède et auxquelles vous devez réfléchir dans la création de votre jeu.

Généralement, les problèmes de suivi de personnage, et ceux qui se posent quand on ne veut pas handicaper le gameplay, sont tellement complexes que l'on ne réfléchit pas avec les possibilités artistiques offertes par la caméra.

Je mets en avant la notion d'œil, car une caméra est bien un œil factice. Une caméra est un appareil oculaire, avec des capacités de profondeur de champ, de point, de mouvement, mais aussi de détection de mouvements.

Pour enrichir vos possibilités de mise en scène et pourquoi pas de gameplay, n'hésitez pas à utiliser les outils qui viennent du cinéma et du monde de l'image :

- **Caméra :** point de vue, type de cadre, type de point et de focale (changement de focale, rectification dynamique du point), mouvements, etc. ;
- **Montage :** type de raccords, type de montage (alterné, parallèle, flash-back, flash-forward, etc.), dynamique et rythme, etc. ;
- **Effets d'image :** grain, saturation, vignettage, etc.

E- L'univers

L'univers met en jeu la capacité imaginative que vous développerez. Si la création d'un univers passe d'abord par l'écrit et la capacité à imaginer une cosmogonie – les règles, la géographie, la population, l'histoire d'un lieu, de peuples, etc. –, elle peut trouver son point de départ ou des enrichissements considérables dans le travail de la forme.

Les croquis d'univers, les réflexions créatives, les recherches d'ambiances, de personnages, de machines, d'outils, toutes ces idées sont autant de propositions qui viennent compléter et enrichir l'édifice d'un univers.

Les recherches sonores sont aussi une manière d'amener du matériel imaginaire et de rendre cet univers concret, de le façonner, de lui donner une tonalité.

Les métiers de la représentation sont donc indispensables dans la création d'un univers, d'où l'importance d'en signaler la teneur.

Chapitre 5

Le level design

Dernier maillon avant la production

A- Processus de conception/fabrication d'un jeu

Le level design est le prolongement naturel du game design. Même s'il ne se travaille pas au moment de la conception à proprement parler, il reste la dernière phase importante de la préproduction d'un jeu vidéo.

Le processus général de conception et de fabrication d'un jeu vidéo commence par la conception. C'est la période où tous les mécanismes centraux et la structure sont imaginés au moyen des outils décrits précédemment. Elle est ensuite suivie de la préproduction pendant laquelle l'ensemble des mécanismes et des éléments du jeu sont définis dans le détail afin de produire un cahier des charges. Nous verrons dans la partie suivante que cette définition du cahier des charges se fait de manière itérative et n'est absolument pas un document imaginé par certains pour le jeu soit ensuite fabriqué par d'autres.

Une fois le cahier des charges établi, la production commence. Il s'agit alors de fabriquer l'ensemble des éléments nécessaires au jeu : des graphismes aux lignes de programmation, en passant par les musiques.

Lorsque le jeu commence à être jouable dans son intégralité et malgré les bugs ou les absences de ressources secondaires, le jeu entre en phase de postproduction. Il est alors testé et modifié pour atteindre une qualité maximale avant d'être « débuggé ».

La fin du jeu se définit par l'obtention d'une validation (approval) du constructeur de la console sur laquelle le jeu sortira, ou bien de Microsoft pour une sortie sur Windows. Cela permet d'obtenir un master final (enregistrement original) qui sera envoyé en usine de duplication avant d'être mis en boîtes, elles-mêmes envoyées dans les magasins.

Le level design s'inscrit donc à la fin de la préproduction et au début de la production. Il est à la fois la conception et la fabrication d'une maquette des niveaux du jeu qui seront programmés puis embellis par les artistes.

C'est en cela que le level design est le dernier maillon de la conception. Il la clôt et la transforme en ressources réelles, il conçoit la partition théorique et la matérialise en 3D.

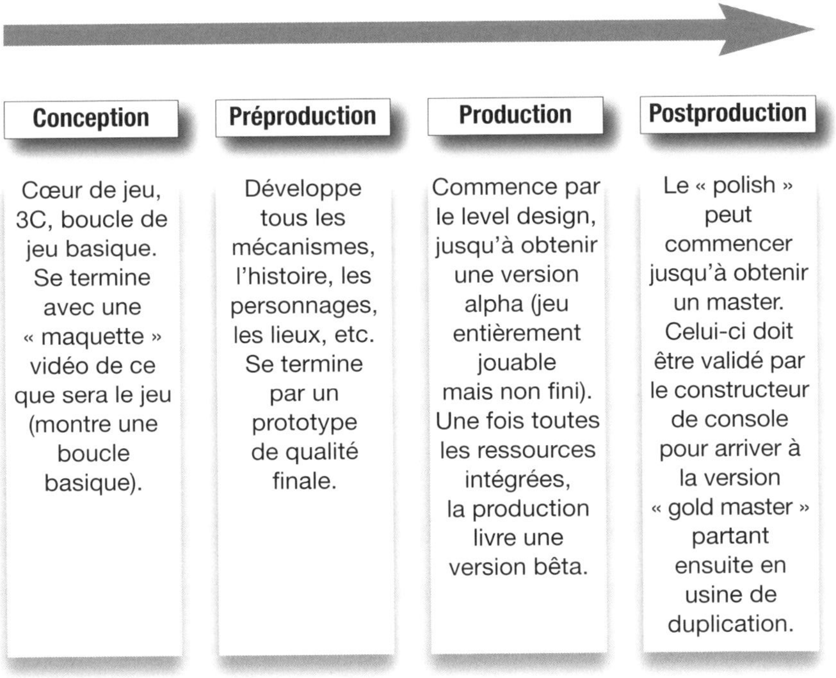

Figure *r* : processus de conception/fabrication d'un jeu

B- Un processus rationnel

Envisager le level design à partir de l'unité qu'est la brique de gameplay est une méthodologie qui existe depuis quelques années dans le jeu vidéo. Elle s'appelle le *rational level design* et permet de maîtriser le processus de création des niveaux en l'envisageant de manière construire et structurée.

Inventer des niveaux de jeu est le fruit d'un long travail de création commençant au tout début de la conception du jeu. L'ensemble des outils décrits précédemment permet d'inventer des mécanismes de jeu ainsi qu'une structure générale (game design au niveau micro et macro). Ces mécanismes sont des capacités de héros, des bonus, des ennemis avec des comportements décrits et connus, des obstacles de terrain, etc. Tous représentent les notes d'une musique dont le level design va permettre de fabriquer la partition.

Si les briques du gameplay sont comme les mots d'un texte, les situations de jeu en sont les phrases. Et s'il est difficile de mesurer la valeur d'un mot, celle d'une phrase est mesurable. Les briques de gameplay induisent une difficulté et un potentiel d'amusement. Mélangées, elles font apparaître des situations de jeu dont il est possible de mesurer la qualité, c'est-à-dire la difficulté, la vitesse de jeu et la qualité de l'amusement fourni.

Par cette méthode, il est donc possible de mesurer chaque atome de chaque level, d'en mesurer et d'en contrôler les enchaînements, afin de bâtir des niveaux vecteurs d'amusement, mais aussi capables de construire des émotions et d'y intégrer du sens.

Il existe plusieurs variantes de la méthode du RLD. Certaines passent par des mises en équation et des calculs mathématiques complexes afin d'évaluer la qualité de chaque endroit du level. De mon coté, je préfère utiliser le processus analytique de décortication en briques et en situations, pour ensuite en laisser l'évaluation qualitative aux humains.

C- Micro-design

Le micro-design est la méthode qui permet de fabriquer chaque instant des niveaux de jeu. Il s'agit d'un processus partant de l'unité de base qu'est la brique de gameplay et qui construit des ensembles de plus en plus importants.

La brique de jeu est donc l'unité de base, le point de départ de la méthode. Elle est quantifiable, car elle peut être utilisée seule pour fabriquer une situation de jeu. On peut alors la tester et dire si elle est facile et amusante. Les briques de jeu sont inventées par les game designers, en itération avec les autres métiers de l'équipe de développement. Elles sont l'aboutissement de la réflexion du game design d'un projet.

La situation de jeu est le mélange de plusieurs briques de jeu. Une situation de jeu peut contenir un nombre important de briques. Néanmoins, plus une situation possède de briques, plus elle a de chance d'être trop difficile et donc peu amusante. À vous de trouver le bon équilibre. Inventer des situations de jeu est accessible à tous les cerveaux. Chaque membre de l'équipe, quel que soit son poste, peut fournir des idées de situations. Organiser des brainstormings pour les inventer est la meilleure chose que vous puissiez faire pour motiver l'équipe et obtenir un maximum d'idées originales. N'hésitez pas à fabriquer des matrices à plusieurs entrées afin d'essayer de « voir » la totalité des mélanges qui ne comportent que deux ou trois briques. Vous ne pourrez certainement pas y arriver avec plus, car les possibilités offertes sont bien trop nombreuses.

Une fois que vous avez inventé un maximum de situations de jeu, il est temps de les évaluer. Pour cela, vous devez définir les paramètres que vous désirez mesurer. Le travail de macro-gameplay aide à identifier les paramètres spécifiques et liés à l'identité de la mise en scène. Les paramètres indispensables à évaluer sont ceux de la difficulté et de l'amusement produit. Pour effectuer une évaluation correcte, n'utilisez pas une échelle de mesure complexe. Noter sur cinq ou même sur trois est suffisant. Organisez des réunions d'évaluation dans lesquelles vous conviez les game designers et les level designers. Demandez-leur de noter chaque situation, pour ensuite faire une moyenne des notes obtenues. Organisez également des réunions d'évaluation avec les autres corps de métiers, et si vous le pouvez, faites-le directement avec la cible. Vous serez ainsi efficacement renseigné sur la viabilité de vos partitions.

Ensuite vous devez faire le tri. Ne gardez que les meilleures situations. Et si vous n'en avez pas assez, recommencez un tour de brainstorming et d'évaluation. Ne gardez jamais la matière brute si elle est mauvaise.

Quand vous avez fait votre tri, vous devez ensuite classer vos situations par familles. Ces familles sont généralement identifiées par les capacités du joueur utilisées dans les situations. Pour un jeu de plateformes, vous pouvez ainsi avoir une famille « double saut », une famille « planeur », etc.

Au final, vous vous retrouvez avec des situations de jeu organisées en familles et des notes pour les caractéristiques de chaque situation. Àpartir de là, le macro-design va vous aider à organiser la partition générale du level et à répartir vos situations.

D- Macro-design

Il consiste à fabriquer une ossature de level. Pour la construire, vous devez savoir à quel moment du jeu se situe le level sur lequel vous allez travailler.

Auparavant, vous avez défini une courbe de difficulté et d'émotions sur l'ensemble du jeu. Elle est faite du mariage de votre structure de jeu avec la courbe et la progression des émotions que vous voulez provoquer. Cette organisation des émotions est le résultat du travail de narration et de rythmique de mise en scène, réalisé avec l'équipe de narration et de dramaturgie.

Vous savez donc, par exemple, que dans le niveau 5, le joueur doit avoir l'impression de mourir, que le niveau doit être très difficile, organisé de manière crescendo pour aboutir à une apothéose. Vous connaissez donc l'identité émotive de chaque niveau du jeu, dans leur nature et leur intensité.

Avec le *lead game designer*, le concepteur principal du jeu, vous avez également décidé de la manière dont vous allez traduire ces émotions en jeu, c'est-à-dire en difficulté, en intensité, en vitesse, en pression, etc.

Comme vous avez une vision sur l'ensemble du jeu, vous pouvez avoir le même type de vision sur chaque level du jeu. Vous commencez donc le level design de chaque niveau en connaissant les contraintes de progression, d'intensité, de paramètre de jeu et d'émotions que vous voulez faire vivre au joueur.

À vous, désormais, de mettre en relation ce schéma de progression avec les familles de gameplay et les situations de jeu que vous avez.

Grâce au level design macro, vous possédez l'ossature, il ne vous reste plus qu'à y insérer la matière ludique et à en organiser la micro-rythmique en fonction de l'organisation que vous avez définie.

Chapitre 6

La conception

Sélectionner et valider les idées

A- Dénicher des idées

Les outils présentés précédemment vous permettent d'identifier, de maîtriser et de développer votre création en définissant les éléments qui doivent la caractériser. Cependant, faire émerger les idées de départ relève d'un autre processus qui ne requiert pas la connaissance d'outils.

Les idées proviennent de ce que nous consommons. Elles sont le rebond inévitable des films, des jeux, des bandes dessinées, des romans ou encore des séries télévisées que nous ingurgitons au quotidien. Notre personnalité est la surface réfléchissante les renvoyant, enrichies, sous forme de scénarios, de gameplays, de dessins, etc.

Il existe des méthodes créatives pour résoudre les problèmes rencontrés au cours de la création. Elles imposent toutes un cadre, c'est-à-dire un ensemble de contraintes. Elles ne sont pas destinées à vous aider dans la création de départ, dans l'élaboration du message et du cœur de jeu, elles fournissent plutôt des armes pour affronter les problèmes posés. Aucune ne vous donnera vos intentions ou l'idée de gameplay originale et de grande qualité. Identifier ses intentions et en élaborer un point de vue à travers un message universel jouable est donc un travail complexe, dont on ne maîtrise pas toujours chaque phase. On peut relever trois manières de stimuler le processus de création initiale, celle du message, du contexte et du cœur de jeu.

La première est la consommation culturelle quotidienne. Les créateurs sont ceux qui n'ont pas d'autre choix que d'exercer leur métier, car ils ont besoin de s'exprimer, et ils ont des choses à dire, en réaction à ce qui les touche. Si vous voulez avoir des idées, alors il faut commencer par avoir des références. Elles sont la nourriture, le carburant de la créativité.

Ensuite, vous ne devez pas chercher à procéder seul. Allez voir des créateurs dans d'autres secteurs d'activité et parlez avec eux. Échangez sur vos idées, celles des autres, sur leurs savoir-faire et sur le vôtre. C'est la base de l'itération, comme celle de l'enrichissement créatif. C'est parce que l'on parle avec les autres et que l'on échange que l'on s'enrichit et que l'on fait apparaître de nouvelles choses. C'est ainsi que l'on crée de la valeur.

La troisième méthode est à mon avis la plus efficace, mais aussi la plus difficile. Elle consiste à regarder autour de vous. Si vous n'avez pas le temps de consommer des produits culturels, de vivre des expériences fictionnelles, alors vous n'avez qu'à simplement vivre votre vie et observer ce qui s'y déroule. Chaque élément, chaque événement, chaque personne, représente un point de départ fictionnel ou ludique.

B- Constituer une équipe

Dans l'idéal, je pense que les meilleurs concepteurs des jeux d'aujourd'hui sont ceux qui maîtrisent le jeu et la narration, c'est-à-dire le drama et la mise en scène, car nous parlons bien de jeu vidéo, donc d'activité ludique à travers une fiction sur un écran. À quoi bon avoir des concepteurs graphistes, s'ils ne maîtrisent pas le gameplay ? À l'inverse, un game designer extrémiste de la mécanique et allergique à la fiction ou à la représentation ne peut pas non plus être un très bon concepteur.

Évidemment, le profil idéal n'existe pas et il est conseillé de confier la conception à plusieurs sensibilités et expertises. Les programmeurs sont généralement surprenants quand ils font des propositions créatives : souvent inattendues, mais toujours intéressantes, car leur angle de vue est enrichissant – même s'il est difficile à anticiper. Regrouper les profils des métiers cœurs est donc indispensable : technique, scénario, graphisme, son, animation et, bien sûr, gameplay.

Le mieux est de mettre cette équipe *core* (« cœur, noyau ») sous la direction créative d'une personne possédant un profil de game designer, mais aussi de metteur en scène.

Il est important que tous les membres travaillent ensemble, au même endroit, et partagent en continu leurs idées et leurs réflexions. Lorsque des personnes sont séparées pour des raisons logistiques, il faut prévoir des rendez-vous, si possible quotidiens, pendant lesquels on organise un tour de table afin que chacun s'exprime sur ses idées et sur ce qu'il est en train de créer.

Plus tard, lors de la conception à proprement parler, une équipe plus complète développera et enrichira la création élaborée pendant cette étape.

C- Exprimer les idées

Exprimer ses idées est une nécessité lors du travail de conception. Comme nous venons de le voir, on ne conçoit pas seul. Il est donc indispensable de communiquer au quotidien avec l'ensemble des partenaires de création. Entretenir de bonnes relations est donc la première base de cette communication. La notion d'équipe est primordiale. Il est du devoir de chacun de ses membres de veiller à ce que la vie de l'équipe soit la meilleure possible, d'y participer et de l'enrichir au-delà du simple apport d'idées et du travail de création.

Sans s'attarder sur l'aspect managérial de la question de la gestion d'équipe – même si cela représente une partie des clés de la création –, nous allons voir quels sont les outils de communication à la disposition des équipes de création.

1 Le *mood-board*

Le *mood-board*(1) permet de cristalliser ses sensations et ses idées, mais il offre surtout l'avantage de pouvoir les transmettre facilement et directement. Pour vous aider à la fois dans votre travail de recherche d'émotions et dans celui de leur expression, il existe un outil simple et d'une efficacité incomparable : l'utilisation de références exprimées par un montage vidéo de courte durée.

Votre cerveau utilise naturellement des références, consciemment ou non. Il ne faut certainement pas hésiter à en emprunter. La création ne vient jamais de rien, elle n'est qu'un nouveau mélange, un nouveau filtre de sensibilité appliqué sur une nouvelle manière d'associer des émotions et des éléments.

Alors, si vous voulez parler d'une émotion, allez la chercher dans des films, des images, des musiques, etc. Je recommande d'utiliser le moins de texte possible et de se concentrer sur la fabrication d'une vidéo courte, de une à deux minutes, qui transmet l'essentiel de ce que vous devez dire. Il s'agit, au final, de fabriquer un teaser, une vidéo d'accroche, intentionnelle, que l'on ne peut réaliser qu'en employant ce type de recherche et de montage.

(1) Littéralement : « panneau d'humeur ». Le *mood-board* est utilisé dans de nombreux métiers créatifs (mode, paysagisme, web design) pour donner une idée du ton et de l'ambiance d'une création en regroupant un ensemble d'éléments de référence (images, vidéos, couleurs, polices de caractères, objets, etc.).

Votre mood-board devra toujours contenir le noyau de ce que vous voulez transmettre, des ressentis et des émotions qui ne peuvent pas s'exprimer autrement. Il doit donc inclure :

- **Le message universel et son point de vue** (la manière dont vous allez le traiter) ;
- **Les trois émotions principales.**

Si vous le pouvez, l'idéal est de terminer votre teaser avec une quinzaine de secondes de promesse de gameplay, tel que vous l'imaginez. Utilisez des vidéos d'autres jeux, montez-les et tentez de montrer comment la promesse décrite par les intentions (message + point de vue + trois émotions) doit pouvoir se concrétiser en jeu.

2 Le problème de la documentation de travail

A-t-on besoin de documents ? Cette question représente un débat qui dure depuis quelques années dans le milieu professionnel de la création de jeux.

J'entends parfois dire : « Des documents de design ? Pour quoi faire ? Personne ne les lit... » Il est vrai que les documents de plusieurs dizaines de pages sont rarement lus par les équipes. Pourquoi cela ?

- Parce qu'ils sont trop longs ;
- Parce qu'ils sont généralement brouillons ;
- Parce qu'ils ne constituent pas un cahier des charges technique correspondant au métier de celui qui les lit ;
- Parce que les designers ont la mauvaise habitude d'écrire de leur coté ;
- Parce que souvent les idées y sont mal exprimées et confuses.

Ainsi, les défauts principaux évoqués de ces documents sont leur longueur et le fait qu'ils ne fournissent pas les réponses attendues. Leur sort a toujours été de rester dans les placards. Pourtant, les documents sont indispensables à la création du jeu vidéo. A-t-on déjà vu un film sans scénario, sans story-board et sans dépouillage technique ? Et puis, ne dit-on pas que les écrits restent alors que les paroles s'envolent ?

Le jeu a lui aussi cruellement besoin de documents, mais ils doivent être adaptés aux périodes de création. La question problématique des documents dans le jeu vidéo est le prolongement de l'opposition de deux méthodes de développement informatique : la méthode dite *waterfall* et celle des *scrums*, aussi appelée méthode « agile ».

La méthode waterfall consiste à analyser le projet en profondeur avant de commencer la fabrication. L'ensemble des possibilités est consigné à l'intérieur d'un énorme document de cahier des charges. Celui-ci est soumis au client qui peut demander des modifications. Une fois validé, le cahier des charges devient le document de référence de la fabrication. Le résultat concret n'est alors visible qu'à la fin du développement. Ce type de méthode était appliqué en informatique il y a une trentaine d'années.

Elle a été remise en question par l'arrivée des méthodes agiles, les méthodes scrums. Leur principe est basé sur la notion d'itération. L'équipe se fixe quelques objectifs à court et moyen termes et les fabrique. Cela fait apparaître de nouvelles idées ou des problèmes insoupçonnées. À la fin de cette courte période de développement, appelée un *sprint*, un bilan est fait et de nouveaux objectifs sont donnés. Ce processus de travail permet de rectifier continuellement la direction en fonction des problèmes rencontrés et des nouvelles idées apparues. Le document de référence est une liste de commentaires, le *backlog*, qui permet de suivre à la trace toutes les évolutions du développement.

Il y a vingt ans, les équipes de création de jeu vidéo ont toutes commencé en utilisant la méthode waterfall. Les programmeurs étaient tous formés à cette école lors de leurs études. Puis les éditeurs se sont heurtés au problème du décalage entre les idées de départ et le résultat final, sans avoir la possibilité d'intervenir suffisamment au cours de la production à l'intérieur des équipes de développement, qu'elles soient internes ou externes. Avec l'arrivée de nouvelles générations de programmeurs désormais formées aux méthodes agiles, les scrums ont fait leur apparition dans les studios, remettant en cause la notion même de document.

Pour avoir expérimenté les deux, je peux témoigner à la fois de l'intérêt et des problèmes que chacune des deux offre. La vérité est toujours dans la nuance, c'est ainsi que j'ai tiré de mon expérience trois grandes règles.

Il est indispensable de fabriquer rapidement sans attendre la fin de la préproduction. Imaginer un gameplay ne permet pas de le ressentir et c'est en le testant, au moins partiellement, que l'on peut en déceler les qualités et les faiblesses. Cela doit être fait le plus vite, le plus complètement et le plus souvent possible. La méthode scrum présente cet avantage.

Une expérience de jeu nécessite une création lourde, c'est-à-dire énormément de bonnes idées – donc encore plus de mauvaises – et une structure maîtrisée. On ne peut avancer à l'aveugle en suivant le fil de ses découvertes. On doit documenter la création, car la réflexion est bien trop complexe pour que tous ses détails tiennent dans un seul cerveau. Dans ce cas, la documentation est un outil précieux pour garder la trace de toutes les idées et pour aider à leur synthèse et à leur organisation.

Lors des phases de création, les concepteurs ont souvent l'impression de se comprendre et de parler de la même chose. Et pourtant, ils se rendent systématiquement compte quelques jours après qu'ils s'étaient mal compris. Documenter est la meilleure façon de se mettre d'accord. Même si les documents peuvent être interprétés différemment selon chaque lecteur, il faut les utiliser comme supports de présentation et de partage, afin de lever les ambiguïtés. Insérer des schémas et des tableaux est aussi une façon de diminuer l'opacité des documents.

Ces trois règles sont essentielles à la question de la documentation. Leur application permet de fabriquer des documents adaptés selon les phases de travail. Le temps de la création artistique et de la conception est nécessaire avant de commencer à fabriquer. Cette période impose l'écriture d'une documentation légère se concrétisant par des listes et des présentations de concepts (type PowerPoint), ainsi que des esquisses ou des recherches de références. Un fois les idées centrales et structurelles identifiées, il devient alors indispensable de fabriquer des prototypes. Ceux-ci viennent garantir la qualité de votre futur cœur de jeu et vous permettent de continuer la création artistique.

L'itération consiste donc en un va-et-vient entre conception et fabrication de prototypes. Plus la conception (puis la préproduction) avancent, plus on entre dans les détails. Il faut sécuriser toujours plus la qualité du contenu par des micro-prototypes de toutes sortes et identifier les détails de tous les éléments du jeu, induisant alors la nécessité d'une documentation qui sert de trace autant que de cahier des charges. Car une fois l'ensemble des contenus du jeu identifiés, prototypés, sécurisés, une production à grande envergure peut démarrer.

3 La nécessité des prototypes

On l'a dit, il est impossible de projeter mentalement un gameplay en étant certain de sa qualité. Évidemment, il est indispensable d'imaginer un gameplay lors de la phase de création, mais la seule façon d'en sécuriser l'efficacité est de le concrétiser pour pouvoir le tester. Si l'anticipation reste intellectuelle, la concrétisation met en jeu les ressentis, qui restent le cœur de ce que le jeu doit proposer.

C'est la notion importante du prototype : il permet de juger du potentiel de plaisir que renferme le jeu. Cela ne veut pas dire qu'il est nécessaire de finir le jeu ou une partie entière pour pouvoir le tester.

Les deux fonctions primaires du prototype

En premier lieu, il permet de tester les fonctionnalités que l'on a imaginées et de voir si elles sont une réussite. Produisent-elles du plaisir ? Est-ce que l'on sent qu'elles vont en produire, même si ce ressenti peut être masqué par les imperfections du prototype ? Généralement, ne pas éprouver de sensation d'amusement dès le début est très mauvais signe. Il ne sert à rien de persister en changeant des éléments plus secondaires comme les 3C. Dans ce cas, c'est surtout le cœur du principe de jeu qui ne fonctionne pas. En testant, vous allez valider ou remettre en question des idées en fonction de leur potentiel d'amusement. Il faut donc faire preuve d'une grande objectivité en testant, savoir s'avouer que ce n'est pas amusant. Le principe est binaire, soit vous ressentez quelque chose de ludique, soit vous ne le ressentez pas. Pour être sûr, faites tester le prototype par d'autres personnes. Cinq testeurs suffisent pour vous donner une direction fiable.

Ensuite, un prototype sert à faire apparaître de nouvelles options. En effet, les créateurs n'ont pas toutes les bonnes idées au moment de la conception. C'est en testant le jeu que l'on imagine de nouvelles possibilités. Cette fois, elles reposent sur des sensations concrètes et ont de grandes chances de fonctionner. C'est l'intérêt de l'aspect itératif de ce travail. Si vous avez de nouvelles idées, rajoutez-les dans votre prototype et testez-les. Ce n'est que lorsque vous n'avez plus de nouvelles idées intéressantes et que vous avez éliminé les mauvaises que vous pouvez passer à la phase suivante.

Les deux fonctions secondaires

Elles sont secondaires, car elles ne permettent pas de mettre à jour le jeu lui-même. Pourtant, leur importance est à souligner : il s'agit de fonctions sociales.

Le prototype représente le moyen de montrer et de faire essayer. En montrant, il permet de transmettre les idées et les sensations sans mauvaise interprétation. Il est possible grâce à cela de communiquer ce que sera le jeu à toute l'équipe, à tous ceux qui fabriqueront, sans pour autant leur demander une intervention conceptuelle prépondérante. Le prototype permet également de faire comprendre le projet aux personnes plus orientées business, qu'il s'agisse de clients ou de décideurs internes.

La deuxième fonction sociale se trouve dans le fait que le prototype permet de convaincre et de séduire. Cette fonction est le prolongement naturel de la précédente, mais possède sa propre force. En comprenant le jeu grâce au prototype, les équipes entrevoient ce qu'elles doivent faire. En étant séduites et convaincues, leur motivation grandit, elles savent et proposent quoi faire, trouvent des solutions, alimentant de manière plus autonome la création et la qualité.

Identifier les risques

Que doit-on prototyper ? Cette question est liée à la notion des risques. Il faut privilégier le test des éléments risqués du projet. Partant de ce principe, le gameplay doit évidemment être essayé, mais d'autres aspects du jeu doivent l'être aussi.

Les éléments de forme ou de technologie entrent dans la catégorie des éléments potentiellement risqués que vous avez besoin de tester, selon le projet.

Cependant, cela s'apparente déjà plus à de la gestion de production. En tant que concepteur, vous devez prioritairement tester votre ou vos cœurs de jeu. Le noyau de jeu correspond à ce que le joueur fera pendant 95 % de son temps. C'est aussi censé être le cœur de l'amusement, une sorte de source quasi algorithmique à partir de laquelle vous produisez les briques et les situations de jeu.

Ne négligez pas non plus les 3C. Il faut absolument fabriquer une caméra, un personnage et des contrôles. Sans se lancer dans un développement extrêmement poussé de ces trois éléments, il ne faut tout de même pas les oublier, sous peine de compromettre la pertinence de vos sensations. Il ne sert à rien de tenter de gérer des détails complexes de la caméra, se concentrer sur le cas général est suffisant.

Une méthode de prototypage progressive

La méthode de prototypage que je recommande et celle de la concrétisation progressive. Il s'agit d'utiliser plusieurs types de prototypes, de plus en plus proches du jeu final. C'est de toute façon ce qui se passe lors du développement. L'important est de le savoir, d'en profiter, et même de l'inciter pour en tirer un bénéfice et sécuriser la qualité du jeu.

Il existe un dégradé complet de possibilités de prototypage, de la maquette au véritable prototype spécimen, du plus simple, rapide et peu coûteux, au plus compliqué, évidemment plus long et plus cher.

Prendre des références correspond déjà une démarche prototypale, puisque cela consiste à chercher dans ce qui existe des ressentis pouvant s'apparenter à ceux que l'on projette. Il ne s'agit que d'un premier pas, car il est souvent difficile d'être sûr de comprendre avec précision le message des auteurs de ces références.

Utiliser des Lego, des petits personnages type Playmobil, des cubes en bois, des jouets d'enfants, constitue une bonne façon de faire exister une scène de jeu dans la réalité. Il s'agit de composer une sorte de schéma réel et interactif. Il devient alors simple de déplacer le héros, les ennemis ou les obstacles et à la fois de voir et de transmettre ce que l'on imagine. Ne nous y trompons pas, fabriquer un prototype est utile à deux profils de personnes. D'une part, les créateurs, qui ont besoin de se représenter ce qu'ils imaginent. D'autre part, les « récepteurs », c'est-à-dire toutes les personnes qui ne travaillent pas directement à la conception, mais qui ont besoin de comprendre ce qui est prévu afin de l'évaluer, de le vendre, de l'acheter, etc. L'intérêt d'une maquette réelle mise en scène avec des jouets est aussi de permettre l'utilisation de caméras et d'appareils photos. Vous pouvez fabriquer de « vraies fausses » scènes de jeu avec une caméra correspondant à la caméra de jeu, que vous émulez en filmant vous-même.

Si votre projet n'est pas un jeu d'action, utilisez d'autres systèmes de maquettes. Faites appel aux jeux de plateau et bricolez ce dont vous avez besoin avec du papier, du carton et tous les éléments classiques des maquettes scénographiques.

Enfin, si vous le pouvez, faites un prototype de jeu qui fonctionne sur une machine informatique. C'est là que vous avez besoin d'un moteur de jeu et de l'intervention de programmeurs.

Si vous possédez déjà une technologie, l'idéal est qu'elle permette de réaliser le prototype sur la machine cible de votre concept. Dans le cas contraire, utilisez des moteurs de jeu gratuits sur PC – *freeware ou shareware*[1] – qui permettent de fabriquer assez facilement une maquette (par exemple, Ogre, Torque ou encore Unreal). Ne vous embarrassez pas avec des graphismes, car vous perdriez beaucoup de temps, sauf, bien sûr, si l'aspect visuel fait partie intégrante du gameplay. Utilisez des cubes pour vos personnages et faites un monde 3D *flat*, c'est-à-dire sans textures, sans modélisations complexes. Le cœur de jeu et les 3C représentent déjà une lourde tâche, il faut aller à l'essentiel.

La version plus évoluée du prototype à proprement parler est celle permettant de visualiser les personnages modélisés et animés, avec les signes et les feed-back. Les ambiances ne s'y retrouvent pas encore et les décors restent en mode flat. Le but de ce prototype est de valider définitivement le gameplay. À partir de cette modélisation, il est possible de fabriquer l'ensemble du level design en version maquette, c'est-à-dire comportant uniquement la partie jouable du décor. Les levels peuvent ainsi être testés avant de travailler leur aspect graphique.

Le troisième stade de prototype est celui présentant une tranche de jeu finalisée. Il contient des graphismes et des sons, des musiques et des effets. Il permet de plonger le joueur dans l'ambiance du jeu et lui fournit tous les signes et feed-back nécessaires. On l'appelle généralement ce prototype le FPP (*final playable prototype*).

(1) Logiciels entièrement gratuits, ou en utilisation partielle ou limitée dans le temps.

D- Rien ne sert de courir

En l'occurrence, rien ne sert de produire, il faut d'abord y voir clair. Si la fabrication de prototypes est indispensable, il n'est pas nécessaire de se précipiter. Certains sont parfois impatients et ne jugent de l'avancée du travail que par ses manifestations concrètes. Mieux vaut éviter de fabriquer tant que l'on ne sait pas encore quoi faire. Cela est valable autant pour les prototypes que pour la production elle-même.

Il est inutile de prototyper toutes les idées dès le début. Il faut savoir attendre que le cœur de jeu soit isolé, qu'il commence à être identifié en tant que tel, avec l'ensemble de son potentiel, des possibilités qu'il est censé offrir. En attendant de pouvoir envisager un premier noyau de jeu théorique, vous pouvez préparer les phases de prototypage en isolant la technologie nécessaire, en commençant à regarder la concurrence sous l'aspect technique, etc.

Le jeu vidéo est une industrie qui reste axée sur les contenus et la création. Il faut laisser le temps aux créateurs de concevoir et d'inventer, même s'il ne s'agit pas de les laisser prendre un temps trop inconsidéré. J'ai souvent rencontré ce problème : les parties commerciales et marketing sont bien entendu des acteurs fondamentaux dans le développement d'un jeu vidéo, mais est-il pour autant normal d'accorder à peine quelques jours de réflexion pour élaborer un concept de jeu parce qu'il est urgent de commencer à fabriquer ou parce que la signature d'un contrat presse ? Est-il logique de retarder le démarrage de la création pendant plusieurs mois – et ainsi réduire le temps qui lui est imparti – parce qu'il faut attendre les chiffres des ventes de Noël ?

Bien sûr qu'il faut les attendre, ces chiffres, mais ne peut-on pas s'organiser pour laisser de la place à la création ? Le monde du jouet traditionnel sait le faire. Les jeux sont prévus deux ans à l'avance pour respecter le temps de création et donc se donner toutes les chances d'obtenir des produits de qualité. Même s'il faut signer les contrats sans lesquels rien n'est possible, n'est-il pas pour autant possible de préserver le temps de création ?

Ces obstacles sont traditionnels et récurrents dans le jeu vidéo, sous une forme ou une autre.

Chapitre 7

La préproduction

Une deuxième conception

➡ **La conception** permet de définir les fondations du jeu, tout ce qui en constitue à la fois le cœur et l'armature, le squelette.

➡ **La préproduction** utilise la conception pour cadrer son domaine de recherche. Sa mission est d'identifier l'ensemble des détails qui constitueront le jeu. C'est pourquoi elle représente une sorte de deuxième mi-temps de la conception. En cela, la préproduction donne également lieu à la fabrication d'un cahier des charges.

A- Travailler ensemble

La difficulté du travail de préproduction est qu'elle demande l'intervention de beaucoup plus de personnes que la conception. Là où moins de dix individus étaient suffisants, la préproduction en compte le double, le triple, voire encore plus. L'équipe cœur travaille au même endroit et bénéficie donc d'un système de communication immédiat. Avec trente personnes, cela n'est plus possible avec la même efficacité. Tout en continuant à militer pour la notion d'équipe, il faut désormais mettre en place des processus d'échanges.

À quoi sert la préproduction ?

La réponse tient en peu de mots : à cerner le projet. La maîtrise n'est pas qu'une affaire de contenu et de qualité du jeu et de son écrin, il s'agit aussi de délimiter, d'évaluer et de construire les moyens de le fabriquer. On parlera donc de possibilités technologiques, de moteurs de jeu et de technologies spécifiques : moteurs physiques pour gérer la notion de la gravité et des interactions liées à la cinétique, moteurs d'intelligence artificielle, etc. On évoquera aussi des *benchmarks*, c'est-à-dire des mesures de performances, des pratiques réutilisables de concurrents et autres secteurs d'activité. Dans le type de décor que le jeu prévoit, quel type de lumière utiliser ? Et dans ce cadre, combien de textures, de faces ? Quels sont les outils informatiques à prévoir, à concevoir et à fabriquer avant de lancer la production ?

Dans un autre registre, les notions de ressources humaines et d'équipe peuvent aussi avoir une influence déterminante sur le contenu final, si vous ne trouvez pas les spécialistes indispensables au projet. À la sortie de la préproduction, le contenu est intégralement cadré et évalué, autant dans son aspect qualitatif que quantitatif, et donc en termes de coûts de production. Cela permet également de définir les moyens techniques, humains et financiers. C'est pourquoi la préproduction implique la présence de tous les corps de métiers. Elle n'est pas simplement le développement détaillé des contenus, elle est aussi l'équilibre des moyens et des possibilités qui vont avec.

Processus d'échanges

Le paradoxe de la préproduction est de faire travailler ensemble tous les corps de métiers, alors que chacun est expert dans un domaine et connaît mal les autres. Le secret n'est certainement pas dans la formation aux différents métiers, même si cela ne pourrait qu'être souhaitable. Seulement il reste difficile de proposer des formations suffisamment complètes et peu chronophages pour former des experts à plusieurs autres domaines d'expertise. Cela ne peut être qu'optionnel, selon les envies de chacun. La familiarisation avec les métiers des autres s'apprend naturellement dans les échanges entre experts, au quotidien. En réalité la meilleure méthode repose sur deux idées forte :

Il faut faire travailler des corps de métiers différents sur les mêmes sujets chaque fois que cela est possible, ne faut pas cloisonner les métiers dans des rôles stéréotypés. Le graphisme ou la programmation doivent pouvoir proposer des ennemis, soit à partir de la recherche graphique de personnages, soit à partir d'idées d'intelligences artificielles et de comportements. Il faut arriver à déterminer des sujets sur lesquels travailler en même temps : par exemple, la structure des niveaux, les équipements du héros, etc. De cette manière, la création devient libre et ouverte à tous, tout le monde peut s'exprimer, ce qui préserve la motivation de chacun.

Ensuite, quand un sujet a été sélectionnées, que des idées ont été trouvées, il ne faut pas s'employer à faire une documentation plus lourde que des prises de notes ou des croquis permettant de communiquer les idées. Qu'il s'agisse de la documentation, de la recherche ou de la fabrication, il ne faut surtout pas se précipiter sans en avoir parlé au reste de l'équipe.

Pour chaque sujet, le processus consiste en trois étapes :

- **L'émergence des idées ;**
- **L'exposition des idées :** évaluations, rebonds, remises en question, enrichissements ;
- **Le développement de ces idées :** mise en forme, fabrication du cahier des charges.

Grâce à ces deux règles de travail, la création devient partagée entre des petits groupes tressant des échanges et des itérations continuels. Tant que la deuxième étape soulève de nouvelles nécessités d'itérations, il faut pouvoir revenir à la première, même si généralement les contraintes de temps ou de moyens financiers peuvent obliger à passer à la troisième phase.

B- La préparation à grande échelle

Le terme de préproduction représente le condensé de « préparation à la production ». Sa mission est donc d'organiser et de permettre le démarrage de la production le jour prévu. Pour cela, il est indispensable de prendre en compte les objectifs d'éradication des risques et de cahier des charges.

L'éradication des risques

Une fois levés les risques primaires de qualité ou de faisabilité induits par le gameplay lors de la phase de conception et grâce aux premiers prototypes, il faut éliminer l'ensemble des risques secondaires. Le terme ne met pas en cause leur importance par rapport aux risques primaires, il veut simplement dire que l'on ne peut s'en occuper que dans un deuxième temps.

Ces risques concernent tous les domaines du projet et ne sont plus centrés sur le contenu, sa faisabilité et sa qualité. Les risque secondaires ont généralement comme thème principal le coût et le timing. Il s'agit de ne pas prévoir trop de niveaux de jeu ou de personnages à fabriquer s'il n'y a pas les moyens humains ou le temps de les fabriquer correctement. Oubliez aussi l'idée d'avoir des centaines d'animations pour tous les personnages du jeu, vous n'aurez certainement pas le temps de les fabriquer.

Tout ce qui n'est pas maîtrisé doit l'être, tout ce qui est risqué doit être éliminé. L'analyse, l'évaluation et le prototype sont les grands outils de la préproduction.

La notion de cahier des charges

Tout cela amène à l'établissement d'un cahier des charges, c'est-à-dire une liste des éléments à fabriquer, la manière de les produire et de les intégrer dans le jeu, les outils internes de fabrication, les plannings de travail, etc. La production de jeu vidéo est devenue aussi complexe qu'un tournage de film. Peut-être même plus, car elle dure beaucoup plus longtemps.

Temps de préproduction

Le temps de préproduction dépend évidemment des moyens alloués au projet. En moyenne, le repère est le partage équivalent entre conception/préproduction et production. Il faut prévoir autant de temps pour l'une ou l'autre des deux périodes. Par exemple, pour dix mois de production, vous en compterez dix de plus pour la conception et la préproduction.

La conception étant un peu plus courte que sa suivante, on peut appliquer un multiplicateur de 1,5 au temps de conception pour obtenir une idée de celui de préproduction. Suivant l'exemple précédent, pour dix mois de production, vous compterez quatre mois de conception et six mois de préproduction.

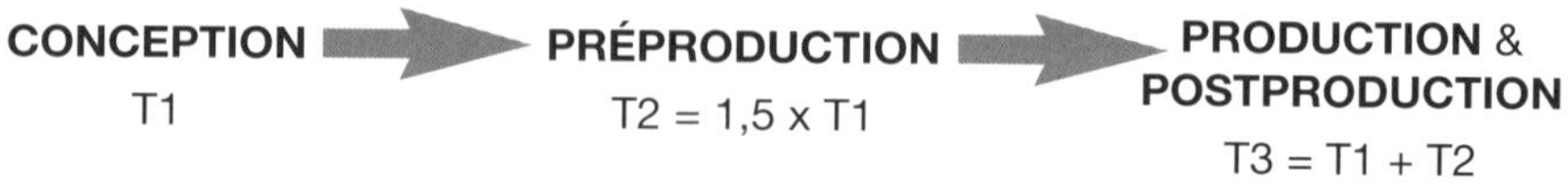

Figure s : rapports proportionnels
entre les phases de conception et de fabrication

Chapitre 8

L'artillerie lourde de la production

La production commence lorsqu'une vision claire et définitive du jeu a été établie. Dans l'idéal, une fois qu'un prototype final, c'est-à-dire une tranche finale du jeu (*first playable prototype* ou *vertical slice*), est réalisé, le cœur de l'expérience est démontré et sécurisé. Le reste du jeu ne sera que le développement des multiples variations de situations qui construiront le scénario du jeu.

À partir de ce moment, le level design prend le relais. Dans la réalité, les contraintes de temps et de budget obligent régulièrement à commencer le level design avant même d'avoir cette tranche finale du jeu. C'est pourquoi le level design correspond à une phase se positionnant entre la préproduction et la production, même si, idéalement, elle devrait marquer le démarrage de la production.

Étapes majeures de la production

La première période est la fabrication du jeu en tant que tel. Les levels sont conçus et développés dans leur gameplay, leur topologie et leurs contenus. Les fonctionnalités sont programmées, les ressources nécessaires sont fabriquées jusqu'à atteindre la version alpha du jeu. Cette version est la frontière qui marque le début du *debugging* (ou « déboguage ») du jeu. Elle doit contenir l'ensemble des niveaux du jeu, tous accessibles et jouables.

La deuxième période est constituée par le développement complet du jeu, le cœur de la production. Elle se termine par la livraison d'une version bêta. Toutes les fonctionnalités doivent être intégrées et opérationnelles à 100 %. L'ensemble du jeu est en version terminée, les menus aussi. La version bêta correspond aux exigences de qualité d'un produit fini. Elle marque le moment où les données sont figées pour appuyer encore le travail de debugging. En effet, ce dernier est systématiquement remis en question à la moindre intégration de nouvelles données, toujours génératrice d'instabilité technique. La version bêta marque donc l'arrêt de ces intégrations, l'objectif est de stabiliser le contenu du jeu afin de le « déboguer » avec efficacité.

La dernière période est celle du « polish ». Il s'agit de gagner de la qualité sans toucher aux données afin de ne pas saboter le travail de debugging des équipes de code. L'ensemble des tailles et allocations mémoire ne peut pas changer, et le travail consiste alors à modifier les positions des monstres ou des obstacles, revoir les quantités de points de vie ou de points de dégâts, etc. Dans cette période, seuls des changements de valeurs de paramètres sont autorisés. L'objectif de cette phase est de monter la note finale du jeu de quelques unités. Cela représente un seuil psychologique qualitatif important, qui possède un réel impact sur les chiffres de ventes. La période de polish se termine avec la livraison d'un master qui devra être testé et approuvé avant de passer en version gold master, c'est-à-dire avant de partir en usine de duplication. Pendant la période de polish, le jeu passe des tests de certification préalable et surtout d'*age rating*(1). Il va être évalué selon les différents systèmes de censure et d'âge autorisé à la vente.

(1) Il s'agit de systèmes de classification par âge. En Europe, c'est le système PEGI (Pan European Game Information) qui détient cette notation, aux États-Unis, c'est l'ESRB (Entertainment Software Rating Board) qui délivre les autorisations.

L'aspect industriel

La période de production demande aujourd'hui des équipes nécessitant plusieurs dizaines de personnes. La centaine est même souvent dépassée. Elles sont faites de micro-équipes « empilées » dans un système de production en structures parallèles. Ce système industriel permet de dupliquer les petites équipes et de les ajouter les unes aux autres afin d'augmenter la production et réduire ainsi les délais de disponibilité du produit. Par exemple, on peut dédier une équipe à chaque univers graphique. Selon le nombre d'univers nécessaires, le nombre d'équipes augmente ou diminue, se calant alors sur le budget alloué aux graphismes du jeu.

Il y a plusieurs raisons à ce fonctionnement. D'une part, la production représente à peu près la moitié du temps nécessaire au développement complet du jeu, souvent moins. Plus le jeu nécessite de temps de développement, plus le ratio de temps pris par la période de production est faible. Ainsi, sur un développement de vingt-quatre mois, le temps de production est voisin de dix mois, alors que la conception et la préproduction représentent quatorze mois de travail. D'autre part, la quantité de personnel nécessaire pendant la production est à peu près cinq fois plus importante que pendant la conception, alors que pour la préproduction elle ne l'était que deux fois et demie.

Enfin, seule la première moitié de la phase de production nécessite l'ensemble des équipes. Une fois la version bêta atteinte, le debugging final et le polish prennent la suite. Ces phases de travail représentent à peu près la moitié du temps total de production et ne nécessitent plus autant de personnel que la précédente. L'ensemble des besoins en ressources humaines se localise donc dans cette première partie de la production, ce qui représente entre 20 et 25 % du temps total de développement du jeu.

Le cahier des charges de cette intense période de fabrication a été établi pendant la préproduction. Les quantités à produire sont définies et il ne reste donc plus qu'à aligner les équipes humaines nécessaires pour livrer dans le temps imparti. Les équipes travaillent alors en parallèle là où une seule équipe créative était requise lors de la phase de conception. C'est donc la période la plus souple de toute la naissance du jeu. Elle peut être diminuée ou augmentée selon les talents disponibles.

La garantie de qualité

Elle est assurée par un mécanisme simple et indiscutable : celui du client final. Tous les jeux de haut niveau passent aujourd'hui par des tests réalisés directement sur des échantillons de consommateurs. L'analyse de leur comportement met en relief des problèmes, des incompréhensions, des difficultés, qui font surgir le besoin de modifications. Celles-ci sont alors réalisées par l'équipe de fabrication. Pour être réellement efficaces, c'est-à-dire permettre de fabriquer un jeu le plus fun possible, ces tests doivent fournir deux types d'informations.

La première série concerne les informations objectives. Il s'agit de vérifier que les joueurs comprennent bien ce qui leur est demandé, et de s'assurer qu'ils arrivent à faire les actions que le jeu leur propose de réaliser. Comprendre les interfaces, les textes de mission, vérifier que l'ergonomie est fonctionnelle, tout cela résulte d'études objectives où les résultats potentiels se résument à un système binaire simple : on comprend ou on ne comprend pas, on y arrive ou pas.

La deuxième série est totalement subjective, même si des protocoles de test permettent parfaitement de l'isoler. Il s'agit alors de savoir si les joueurs ont eu du fun. Le temps qu'ils ont passé à jouer correspond-il à ce qu'ils imaginaient, se sont-ils amusés ?

Cela passe généralement par des interviews dans lesquels les testeurs doivent dire ce qu'ils ont trouvé d'amusant, si le jeu qui leur était proposé n'était pas trop difficile, si la récompense gagnée était suffisante, s'ils ont envie de recommencer à jouer, etc. Pour ces informations, je préconise la présence de l'équipe créative du projet – ou le visionnage d'enregistrements –, ou au minimum du directeur créatif ou du réalisateur du jeu. Pour avoir vécu ces moments, je sais que la finesse des informations relatives à l'amusement des joueurs est telle qu'elle ne peut être retransmise par des échelles de mesure objectives et d'autant plus par écrit. Voir en direct l'amusement ou l'absence de fun chez les joueurs est la meilleure façon de comprendre, de ressentir, de capter l'information du fun du jeu. Montrer concrètement les réactions des joueurs à l'équipe créative est aussi une bonne manière de les forcer à voir la réalité et de les sortir de leurs propres convictions, souvent en décalage avec l'expérience des joueurs finaux. Quand un créatif se rend compte que sa magnifique police de caractère ne peut pas être lue par la plupart des joueurs, il comprend qu'il doit sacrifier un peu d'esthétisme.

Les tests commencent dès la version alpha. Ils permettent alors de déceler les premiers problèmes, souvent les plus structurels. Ils se poursuivent périodiquement jusqu'à la version bêta, de manière à tester chaque nouvel élément intégré dans le jeu.

Parfois des *focus tests* ou des tests de prototypes sont faits dès la fin de la conception lors de la préproduction. Cela permet d'obtenir des validations qualitatives ou de nouvelles orientations de tonalité, selon la population ciblée.

Si ce procédé est celui utilisé par l'ensemble de la profession, il existe néanmoins une exception de taille dont tout le monde connaît le slogan, mais que, mystérieusement, et malgré son efficacité systématique et démontrée, personne ne copie.

C'est le « When it's done », la philosophie profonde de la société Blizzard Entertainment connue pour l'exceptionnelle qualité de ses jeux. Ce précepte signifie que le jeu ne sort en magasin que lorsqu'il est jugé comme terminé du point de vue des créateurs, c'est-à-dire lorsque le niveau de perfection (on ne parle même plus de qualité) est suffisant.

Pour l'atteindre, le secret est simple, c'est celui de l'itération et des couches. Le processus qui permet de fabriquer, de tester, d'évaluer et de changer, entre la version alpha et la version bêta, ne se produit qu'une seule fois dans la plupart des sociétés. À l'inverse, chez Blizzard, ce processus est répété plusieurs fois, remettant en question des éléments structurels du jeu si nécessaire, repartant loin en arrière jusqu'à la préproduction, voire avant s'il le faut. Ces couches aboutissent systématiquement à des jeux d'une qualité maximale dont la conséquence est généralement un record de ventes. Tous les produits Blizzard sont des succès planétaires ; la qualité de leurs jeux en est la raison première.

Chapitre 9

Vers un processus de création/fabrication hollywoodien

Mes vingt ans d'expérience dans l'industrie du jeu vidéo m'ont permis d'être le témoin de son évolution. Des premières périodes où les jeux se faisaient à deux ou trois personnes, parfois seul, nous en sommes aujourd'hui à des sociétés cotées en bourse. Un jeu AAA (se prononçant « triple A »), c'est-à-dire une production située dans le haut du panier, demande des investissements de plusieurs millions d'euros, voire plusieurs dizaines. L'industrie vidéoludique génère plus d'argent que le cinéma et la musique, la propriété intellectuelle du jeu vidéo se décline dans les autres médias. En bref, le jeu vidéo est devenu une industrie médiatique à part entière, qui n'a certainement pas à rougir de la comparaison avec ses cousines.

Les processus de création et de fabrication se sont adaptés et sont devenus ceux d'une industrie très jeune, qui va encore progresser et évoluer. Pour assouplir les processus et diminuer les risques, l'industrie du jeu va de plus en plus calquer ses processus de création et de production sur ceux du cinéma. En effet, le jeu vidéo est un travail de création d'équipe comme peut l'être le cinéma. Dans le septième art, les auteurs sont identifiés sous les traits du scénariste et du réalisateur, alors que les comédiens, le directeur de la photo et les autres professions, pourtant indispensables, ne sont pas reconnus de la même manière. Le jeu vidéo cherche encore la définition de ses auteurs, mais on pourrait parier sur les résultats qu'il obtiendra. Sur le modèle du cinéma, le réalisateur et le scénariste seront reconnus comme les auteurs principaux, puisque ce sont eux qui définissent et façonnent l'expérience que le joueur vivra. Les autres corps de métiers apportent une contribution à la forme de l'expérience, mais pas à son fond.

La différence avec le cinéma provient de l'interactivité et de la notion ludique. Le scénariste sera donc remplacé, ou au moins son rôle sera minimisé, pour laisser une grande place au game designers, c'est-à-dire ceux qui inventent et fabriquent le jeu, ses règles et ses mécanismes. Ceux-ci incarnant en grande partie l'âme de l'expérience que vivra le joueur, ils sont l'essence même de la création vidéoludique.

Ces notions semblent aujourd'hui évidentes lorsque l'on parle d'industrie cinématographique. Pourtant, elles ne l'ont pas toujours été. Rappelons, en quelques lignes, la trajectoire de la notion d'auteur au cinéma :

- **1930-1960 : l'âge d'or.** Les films sont industrialisés, ils reposent sur des recettes établies et un contrôle total du contenu par les studios, du scénario au casting, en passant par le tournage et le *final cut*(1) ;
- **1960-1980 : le nouvel Hollywood.** C'est l'apparition des auteurs-réalisateurs qui maîtrisent le scénario, le tournage et le final cut ;
- **Depuis 1980 : l'avènement du blockbuster.** Le déclin de l'intérêt du public et les échecs commerciaux en série aboutissent à la fin de l'auteur-réalisateur. Les studios reprennent le contrôle. Seuls les plus grands réalisateurs parviennent à prendre la double casquette en montant leur propre maison de production (Steven Spielberg, Francis Ford Coppola, etc.).

Au cinéma, le processus de travail est découpé en quatre grandes phases : l'écriture, la préparation, le tournage et enfin la postproduction. Les rôles y sont distribués par les grands studios qui détiennent la propriété intellectuelle de départ en commandant l'écriture d'un scénario ou en achetant des scripts.

On obtient ainsi le processus de travail décrit dans le schéma de la page suivante.

(1) La version finale du film tel qu'il sera édité, distribué et projeté.

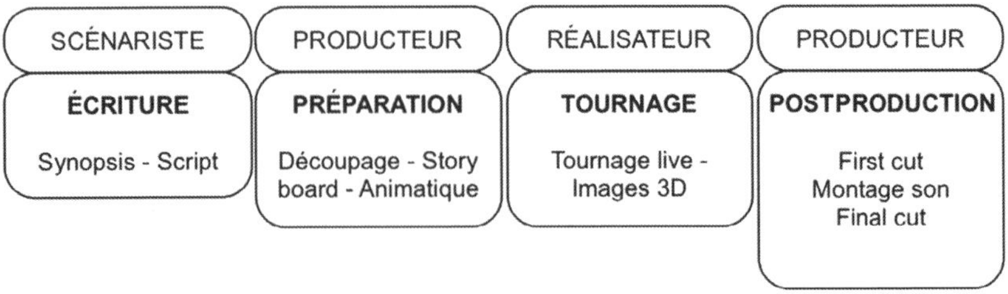

Figure *t* : processus du cinéma hollywoodien

De son coté, le jeu vidéo distribue les rôles créatifs de manière plus linéaire. Les créateurs du projet s'intègrent lors de la phase de conception et vont suivre le projet jusqu'à la fin, ou au moins jusqu'à la fin de la phase de polish.

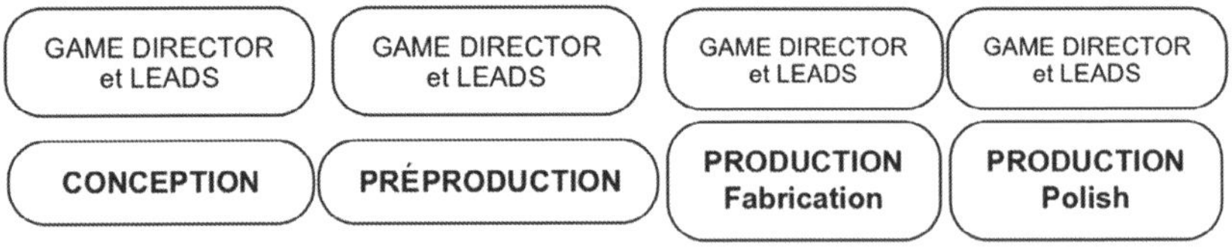

Figure *u* : processus actuel de développement de jeu vidéo

La direction créative, c'est-à-dire le réalisateur du jeu, est incarné par une personne unique, même si elle s'appuie sur une équipe de responsables, notamment un responsable game design, un scénariste, un directeur artistique, etc. Le réalisateur est censé être celui qui détient la vision globale et la fait avancer tout au long du processus de création et de développement du jeu. Les risques liés à ce principe sont nombreux :

- Un réalisateur peut se tromper et maintenir un mauvais cap créatif malgré les tests et focus ;
- Comme toute personne, un réalisateur peut tomber malade et être dans l'incapacité d'assurer la suite ;
- Il est difficile de trouver l'ensembles des compétences nécessaires chez une seule personne. Le réalisateur doit guider la conception jusqu'à la fabrication finale. En plus d'être un homme de contenu, il doit aussi être un manager ;
- Si le réalisateur (comme d'autres créatifs, le game designer, le scénariste, etc.) est reconnu comme l'un des auteurs majeurs de l'œuvre, cela peut générer des conflits d'intérêts entre lui et la société de développement et d'édition qui l'emploie.

Pour faire disparaître ces risques et rendre le recrutement plus souple, il suffit de morceler les responsabilités selon les phases de la production. Dans ce cadre, la vision n'appartient pas à un réalisateur, mais à un studio et à une équipe de créatifs et producteurs, contrôlant à l'aide de moyens objectifs, ainsi que par leur talent personnel, la continuité de la vision de chaque titre.

On se retrouve alors dans un contexte où chaque phase de travail possède ses propres équipes cœurs. Un réalisateur en conception possède des compétences différentes d'un réalisateur en fabrication. Les responsabilités sont divisées, distribuées. Les risques sont donc moins élevés, les compétences deviennent expertes. Sans la nécessité d'employer un réalisateur omnipotent, le recrutement se trouve facilité.

Enfin, les phases de polish, c'est-à-dire de finitions, peuvent également être assurées par des personnes spécifiques, amenant avec elles une objectivité nouvelle, comme le montage peut l'être au cinéma : délégué à des monteurs professionnels, sans la présence du réalisateur qui n'est qu'un directeur de tournage. Ce principe n'est pas nouveau et fait la joie des studios et des maisons de production, il s'agit de diviser pour mieux régner.

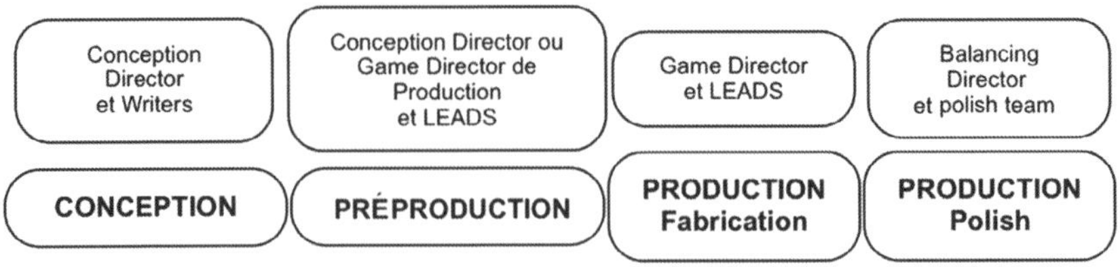

Figure *v* : processus à venir de développement de jeu vidéo

L'écriture est confiée à une équipe de personnes aux compétences conceptuelles élevées (*creative team*). Le studio vérifie que la vision est comprise et correspond aux volontés.

La préparation, soit le développement des identités artistiques et des documents, incombe au réalisateur ou à une équipe spécifique (creative team élargie). Le studio contrôle que les intentions artistiques sont présentes, il en contrôle la qualité et la nature.

La réalisation de la fabrication se fait en production (mise en scène, langage interactif pur : signes et feed-back, contrôles, caméras, ambiances, etc.). Le réalisateur n'est pas forcément game designer et concepteur. Les tests régulièrement organisés permettent de garder la maîtrise de la qualité.

Le réglage final du jeu est opéré par une équipe spécifique (accessibilité, amélioration du gameplay, améliorations visuelles et sonores). La qualité finale est contrôlée par des processus objectifs définis par le studio (accessibilité et *game balancing*, c'est-à-dire l'équilibrage du jeu par rapport à l'ensemble des cibles).

Cette méthode confère les avantages qui suivent :

- La vision du jeu ne dépend plus d'une seule personne ;
- Le processus est fragmenté donc plus facile à contrôler ;
- Le recrutement devient plus simple, les phases de conception et de fabrication sont différenciées et permettent de séparer les compétences nécessaires :
  - les concepteurs ne sont pas forcément leaders,
  - les réalisateurs n'ont pas besoin de posséder des compétences conceptuelles ;
- La maîtrise des phases de création permet une meilleure maîtrise des coûts ;
- Les réglages dépendent d'un processus objectif basé sur des mesures (tests).

Cette structuration des processus de travail demande en contrepartie une organisation de studio assez lourde qui oblige le studio/éditeur à posséder ces caractéristiques :

- Une structure créative organisée et reposant sur des experts à la fois de la production et de la création ;
- Des canevas de création identifiés pour chaque moment du processus. Un système de grille de création permet de guider la création pour chaque phase.
- Des compétences expertes pour chaque étape (conception, fabrication, réglages).

Le processus est déjà entamé, mais quelques résidus organisationnels venus du passé du jeu vidéo empêchent la plupart des structures d'atteindre une organisation de ce type. L'organisation du travail dans le cinéma, également déclinée à la télévision, servira bientôt de modèle, qu'il faudra encore adapter aux contraintes du jeu, mais qui permettra d'atteindre un véritable équilibre entre création et industrie. Seules les productions plus petites, à taille humaine, constitueront les « jeux d'auteur » de demain.

Chapitre 10

La création

B- Une culture de masse

Le jeu vidéo est devenu une culture de masse. L'anecdote qui suit montre à quel point le jeu s'est transformé lors de la dernière décennie.

À l'occasion d'un entretien administratif pour refaire des papiers d'identité, lorsque la fonctionnaire du guichet me demande ma profession et que je lui réponds que je crée des jeux vidéo, sa réaction est sans appel :

« Oh et bien moi je n'y connais rien aux jeux vidéo et puis je n'aime pas ça. »

Puis après un silence, elle me demande :

« Et vous avez fait quoi comme jeu ?

– Ces dernières années j'ai fait beaucoup de jeux pour la famille. Des Disney essentiellement. Du Winnie l'Ourson et du Peter Pan.

– Lesquels ? »

Je lui cite les titres et nous découvrons qu'elle a joué avec ses enfants et fini trois des jeux que j'ai créés. On constate à quel point le discours de ceux qui n'aimaient pas le jeu vidéo reste inchangé, mais que leurs actes sont en décalage avec leur conception des choses et leur formatage culturel.

Que s'est-il passé et comment le jeu vidéo, encore mal vu au début 2000, a-t-il pu devenir une industrie majeure du divertissement ? Et surtout, comment le jeu a-t-il pu entrer dans les mœurs et devenir un élément de consommation courante pour tous et par tous ? Trois grands éléments viennent éclairer la naissance de ce phénomène.

D'abord, il y a eu l'explosion d'internet. L'éclatement de la bulle internet au début de la décennie a fait basculer le monde numérique dans la crise. Néanmoins, le développement annoncé de l'internet s'est bel et bien produit. Aujourd'hui, nous expérimentons l'idée de village planétaire de Marshall McLuhan[1]. Le net s'est démocratisé, tout le monde ou presque l'utilise, chacun à son niveau et selon ses besoins. Il est à la fois télévision, téléphone, bibliothèque et place publique. Par cette acceptation de la technologie, le grand public a trouvé des jeux simples et accessibles (type Tetris) dont la gratuité a favorisé un accès immédiat et massif à tous les internautes. Les femmes, les personnes plus âgées et surtout les enfants y ont découvert un eldorado de l'amusement et une forme de jeu vidéo qui leur convenait.

La téléphonie mobile a été le deuxième vecteur de popularisation des jeux vidéo. D'abord 2D et simples, les jeux embarqués (par défaut) dans les téléphones se sont complexifiés, pour proposer aujourd'hui une gamme complète, du sudoku au RPG destiné aux joueurs aguerris. L'accès massif au téléphone portable a permis à chacun de découvrir les petits jeux intégrés dans les appareils, toujours faciles et grand public malgré les machines et les ergonomies aux capacités réduites des premières générations. Le succès de l'App Store de l'iPhone (proposant notamment le téléchargement d'applications de jeux) démontre la progression effectuée par la clientèle des téléphones mobiles, à présent prête à payer pour des jeux.

Enfin, le troisième facteur d'ouverture est venu du monde du jeu vidéo lui-même. En proposant la DS, puis la Wii, Nintendo a fait éclater les habitudes de ce petit monde pour l'ouvrir au très grand public. Ciblant d'abord les enfants et les femmes avec sa DS (Dual Screen), le constructeur japonais à définitivement fixé la tendance en sortant la Wii. Le marketing relativement agressif, constitué de publicités télévisées montrant des

(1) Marshall McLuhan, *Guerre et paix dans le village planétaire*, Robert Laffont, Paris, 1970.

personnes âgées et des familles entières s'amusant ensemble, a ouvert la voie à un nouveau type de consommateurs. La cible affichée de Nintendo est désormais celle des seniors et des femmes. Le vieillissement de la population japonaise en est sans doute l'une des explications. Le retard technologique et économique accumulé par Nintendo lors des deux générations précédentes de consoles en est certainement une autre. Néanmoins, les créateurs du célèbre plombier Mario ont su utiliser leur cœur de compétences, celle du game design, du jeu et de la connaissance des joueurs, pour détrôner les « technologues » que sont Sony et Microsoft. En proposant une machine moins puissante, mais conçue pour s'amuser ensemble, selon de nouvelles formes d'amusement plus populaires, Nintendo a engendré une prodigieuse révolution.

Les consoles de salon deviennent désormais des machines familiales, et non plus des appareils n'intéressant que les *geeks*, les fous de technologie. Aujourd'hui, tout le monde ou presque joue aux jeux vidéo, même s'il ne s'en rend pas compte. À présent les enfants ne veulent plus faire du cinéma ou de la télévision, ils veulent faire du jeu vidéo. Les écoles fleurissent, et leur enseignement est de plus ou moins bonne qualité.

De plus, la démocratisation du jeu vidéo a amené un autre phénomène, celui du *serious gaming*. Le jeu devient moyen de communication, il est donc employé pour la communication des entreprises, en interne ou en externe.

Avec la popularisation du jeu vidéo, on voit apparaître une évolution similaire à celle de la vidéo il y a presque vingt ans, celle de la fabrication par le grand public. Les symptômes sont assez clairs, même si le phénomène n'en est qu'à ses débuts. De plus en plus de particuliers s'amusent à faire leur jeu, à la fois pour se divertir, mais aussi pour s'exprimer.

La vidéo amateur a trouvé sa source dans la popularisation de la vidéo et de la consommation de films, elle a ensuite explosé par la démocratisation des caméscopes amateurs et surtout des systèmes informatiques de montage et de postproduction. De nos jours, il n'y a rien de plus simple que de tourner des images avec son caméscope pour ensuite les monter et même les truquer sur un logiciel de postproduction directement fourni avec la caméra. La vidéo amateur a surtout été favorisée par la diffusion massive à travers des sites internet comme YouTube ou Dailymotion.

Qu'en est-il du jeu vidéo, existe-t-il la possibilité de fabriquer son propre jeu ? Comment est-il ensuite possible de le diffuser ?

B- Réaliser son propre jeu

Est-il aujourd'hui possible pour chacun de créer son jeu ? Qui peut le faire, quelles compétences sont nécessaires ? Faut-il s'équiper d'outils, posséder des agréments spécifiques ? Il existe aujourd'hui plusieurs solutions techniques vous permettant de créer votre propre jeu et de le réaliser relativement vite. Bien entendu, vous n'obtiendrez ni la qualité ni la profondeur d'un produit professionnel, mais il est néanmoins possible de fabriquer d'excellentes mécaniques, voire de se faire remarquer du milieu professionnel.

Nous garderons en tête les chiffres de participation au web 2.0. En effet, si 2 % des utilisateurs participent de manière active (noter, réagir), seulement 1 % des internautes crée et publie en ligne ses créations. Ce chiffre est suffisant pour alimenter les sites de contenu, mais il démontre aussi les limites humaines à l'interaction de masse.

1 Acteurs et compétences

Les professionnels du loisir interactif

Les studios de développement de jeu vidéo, qu'ils soient indépendants ou intégrés chez un éditeur, possèdent des moyens lourds inaccessibles aux non professionnels. La plupart développent des jeux sur consoles, ce qui demande un agrément du constructeur. En réalité, celui-ci est double. D'une part, le développeur doit être reconnu et enregistré comme développeur officiel sur la machine du constructeur. Développer sur PS3, Xbox 360, Wii, PSP ou DS, n'est accessible qu'aux développeurs officiels. Il faut donc s'enregistrer chez chaque constructeur, pour chaque machine, et sur tous les territoires (Amérique, Europe et Asie). Cette certification officielle permet ensuite de commander et d'acheter des kits de développement chez le constructeur. Ils sont généralement assez coûteux et représentent une version plus lourde de la console, que l'on peut connecter sur un réseau ou à un PC. Sans eux, il n'est pas possible de compiler et de faire tourner le programme de votre jeu.

Au-delà des moteurs de jeu, des outils informatiques propriétaires et des compétences expertes, seuls les studios professionnels ont accès aux certifications et agréments permettant concrètement de créer et de fabriquer des jeux qui seront édités puis commercialisés. En effet, chaque jeu doit être approuvé par le constructeur avant de sortir en magasin.

Les indépendants

Il existe dans le monde des développeurs qualifiés d'indépendants. Leurs jeux ne sont pas en vente dans le commerce, ils sont disponibles gratuitement dans des réseaux amateurs spécialisés. Ces développeurs ne sont pas des professionnels, car créer un jeu ne constitue pas leur activité quotidienne, celle qui les rémunère. Ce sont des groupes de passionnés qui financent eux-mêmes leurs projets. Ce sont des étudiants en jeu vidéo ou en informatique, ou bien des salariés de ces secteurs qui occupent leurs loisirs à développer des jeux.

Ils utilisent généralement des moteurs de jeu ou des technologies libres (freeware et open source). La qualité de leurs productions est en général de haut vol, même si les projets présentent rarement la profondeur ou la durée d'un jeu du commerce. Les plateformes d'achat telles que le PlayStation Network ou le Xbox Live deviennent pour eux des solutions de distribution pour leurs jeux et un moyen de les rentabiliser.

La génération Y

La génération Y est celle des *digital natives*, la « génération digitale ». Ces appellations symbolisent la facilité avec laquelle les jeunes adultes utilisent les technologies de la communication et de l'informatique : elles sont naturelles pour eux. Beaucoup possèdent des facilités évidentes à manipuler des outils et des connaissances techniques suffisants pour créer des jeux amateurs ambitieux. Tous sont joueurs et le revendiquent, presque tous ont déjà essayé de faire leurs propres niveaux en utilisant l'éditeur de level d'un jeu qu'ils ont aimé.

Une partie d'entre eux fait clairement le choix du divertissement numérique en intégrant des formations à vocation professionnelle dans le domaine du jeu vidéo. Ils sont donc les mieux placés pour fabriquer leurs propres jeux et constituer un vivier particulièrement riche de propositions et de projets.

Le grand public

Le grand public est déjà créateur de jeu sans le savoir. Bien sûr, il ne peut pas avoir l'ambition d'inventer et de fabriquer ses propres concepts à l'échelle industrielle, mais il lui est tout de même possible de proposer et de fabriquer du jeu, ou des éléments de jeu, pour jouer avec les autres.

Ainsi, le simple fait de fabriquer une ville dans SimCity et de la connecter à d'autres est déjà une façon de fabriquer du jeu. Les personnages que vous créez dans les Sims sont aussi une représentation de cette création ludique.

Bien sûr, il ne s'agit pas de fabriquer un jeu à part entière, mais des éléments intervenant dans le jeu. Chaque joueur, par ses actes de développement et de jeu, intervient directement sur le jeu des autres. Si vous avez joué à La Brute(1) sur internet, vous savez que le simple fait d'avoir un personnage et d'affronter d'autres joueurs est générateur de jeu. Participer est déjà un acte créatif, générateur d'événements ludiques. C'est ce mécanisme qui rend l'utilisation des réseaux sociaux amusante et qui donne la sensation sous-jacente qu'il s'agit d'un jeu alors qu'aucune caractéristique ludique n'y est présente.

Le palier supérieur qui est celui de la fabrication de niveaux de jeu. C'est aujourd'hui possible et accessible à tous, même si peu de gens prennent le temps de le faire. Des jeux comme TrackMania ou surtout LittleBigPlanet en sont l'exemple. Vous pouvez y utiliser l'éditeur de niveaux pour fabriquer des levels et ensuite les proposer aux autres joueurs, par l'intermédiaire des serveurs de Sony. L'opération est transparente et gratuite, le constructeur misant sur la participation des joueurs pour en attirer toujours plus.

Parallèlement, on trouve les jeux de karaoké comme Sing it ou Lips. Il y est possible de s'enregistrer par l'intermédiaire d'une caméra et de poster ses prestations sur les serveurs du jeu. Comme sur YouTube, les utilisateurs viennent admirer vos prestations et les noter.

(1) http://www.labrute.fr/

Les nouveaux professionnels : le *serious game*

Cette activité est aujourd'hui officiellement reconnue par les pouvoirs publics, ce qui en démontre l'importance. Voici la définition donnée par le site officiel du ministère de l'Économie, de l'Industrie et de l'Emploi concernant l'utilisation professionnelle du *serious game* :

« Le secteur du jeu vidéo dépasse désormais la seule offre de logiciels de loisirs. Les technologies développées pour porter à l'écran un scénario interactif, le savoir-faire associé à la narration du jeu vidéo, sont aujourd'hui de plus en plus utilisés à des fins de formation et de transmission de connaissances. Ces nouvelles applications des technologies et méthodes propres au jeu vidéo sont montées en puissance ces deux dernières années sous le vocable *serious gaming*. Il s'agit d'inviter l'utilisateur à interagir avec une application informatique, dont l'objectif est de combiner des aspects d'enseignement, d'apprentissage, d'entraînement, de communication ou d'information, avec des ressorts ludiques et/ou des technologies issus du jeu vidéo. Une telle association vise à donner à un contenu utilitaire (*serious*) une approche vidéoludique (*game*). »

À l'instar de la vidéo institutionnelle, le serious game est donc l'utilisation du jeu vidéo à des fins de communication d'entreprise et/ou de formation. Cette activité est en plein essor et peine encore à se forger une identité claire. Cela vient du fait que le serious game a souvent été rattaché au développement de jeu vidéo « traditionnel », alors qu'il ne l'est pas forcément.

En réalité, le serious game est un domaine beaucoup plus large que celui des logiciels de loisir. Pourquoi ?

D'une part, parce qu'il ouvre à quelque chose de plus que de la fiction, en proposant des simulateurs. Ceux-ci concernent potentiellement tous les domaines et offrent alors des possibilités d'usages et d'expertises bien différentes des jeux de loisir.

L'autre raison est que chaque projet de serious game possède un objectif mesurable, qu'il s'agisse d'apprentissage, de publicité ou de communication.

Que l'on parle de simulateurs à la difficulté forcément élevée ou de fictions plus faciles à jouer, tous les projets de serious game restent des jeux, car leur objectif est bien d'utiliser l'engouement et la motivation naturelle générés par le jeu afin de transmettre leur message. En cela, les serious games s'inscrivent dans le même registre que les jeux vidéo « traditionnels », car ils demandent une conception qui doit utiliser les mêmes outils. Ceux que nous avons vus au cours de cet ouvrage sont donc également valables pour créer des serious games.

Le secteur devient une activité économique à part entière et tous les types de budget de développement s'y retrouvent. Cependant, ce domaine ne concerne encore qu'une petite partie de l'industrie, son chiffre d'affaire restant très largement inférieur à celui du loisir.

Faire un serious game fait appel à un savoir-faire spécifique, parallèle à celui de l'industrie des loisirs. Si vous avez besoin de faire développer un serious game, n'hésitez pas à utiliser les outils de ce livre, mais vous devez surtout avoir conscience qu'il s'agit d'une expertise et qu'à moins d'être vous même développeur, il est plutôt conseillé de faire appel à des sociétés dédiées, dont on peut dire qu'il en existe deux catégories.

La première est celle des développeurs multimédia dont le cœur de métier n'est pas de faire du jeu. Ces sociétés sont très nombreuses et possèdent des compétences utilisant Flash ou Java, ce qui permet de faire d'excellents jeux (Dofus, le MMORPG français à succès d'Ankama, est réalisé avec ce type de technologies). Néanmoins, les moyens 3D sont très limités et le savoir-faire en game design est généralement faible, sauf exception. L'avantage de ces sociétés est qu'elles sont familières du travail de fabrication et de transmission de la communication de tous types d'entreprises.

Dans l'autre catégorie, vous trouvez les développeurs de loisirs de toutes tailles. Ils possèdent généralement toutes les compétences techniques et vidéoludiques pour créer et développer votre jeu. Leur défaut majeur est de faire de la fiction « libre » et de ne pas être habitué à la rigueur de la communication institutionnelle.

2 Faire un jeu en un jour

Utiliser un jeu existant : inventer des niveaux

La solution la plus efficace pour réaliser un jeu en un jour est de prendre un jeu existant, d'utiliser les ressources graphiques et sonores qu'il propose, et de fabriquer des niveaux supplémentaires. Si le jeu est assez riche et l'éditeur suffisamment puissant, vous pouvez parvenir à fabriquer des niveaux originaux, possédant leur propre identité, mais vous restez néanmoins dans le cadre du jeu existant. Par ce moyen, vous pouvez, par exemple, réaliser des niveaux de FPS, des circuits de courses de voitures ou des niveaux de jeu de plateformes. Cherchez dans les jeux que vous possédez et que vous aimez, peut-être proposent-ils un éditeur de niveaux. C'est le cas de la série des Warcraft pour ce qui est des RTS, de TrackMania pour les jeux de voitures, et de LittleBigPlanet pour les jeux de plateformes.

Utiliser un outil « clé en main »

Il existe aujourd'hui des outils, que vous trouvez sur le net, permettant de fabriquer un jeu assez aisément. À l'instar des sites de création de blog, on recense des éditeurs très simples ou très complexes, très puissants ou limités.

On peut diviser ces outils en deux catégories :

- D'une part, on relève les **éditeurs de jeux en ligne.** Il s'agit de sites internet vous permettant de créer et d'héberger vos modules de jeux. Par exemple, le site Jcray vous propose de créer directement sur le web un jeu à votre image, « en toute simplicité »[1]. Vous n'avez pas besoin de compétences informatiques particulières, il s'agit juste d'un logiciel de création simplifié.
- D'autre part, on peut trouver des outils à télécharger pour pouvoir ensuite créer son jeu. Ils fonctionnent comme des logiciels d'infographie ou de création. Ils permettent de fabriquer ou importer vos ressources, et il ne vous reste ensuite qu'à les « mettre ensemble » pour créer votre jeu. On les appelle des **éditeurs visuels,** c'est-à-dire qui ne vous demandent ni de connaître la programmation, ni d'entrer des lignes de code. De nombreux outils sont disponibles, tels que Game Maker, RPG Maker, The Games Factory, FPS Creator, 3D Games Creator. Certains d'entre eux sont gratuits, d'autres payants. Dans tous les cas, vous pouvez essayer une version démo permettant d'évaluer ce que vous pouvez en faire. Game Maker est sans doute le plus intéressant, car il propose une communauté importante et permet même de diffuser son jeu sur sa plateforme gratuite.

Voici les solutions qui s'offrent à vous si vous désirez faire un jeu en un jour. Néanmoins, il ne faut pas être naïf, si vous ne mettez réellement qu'une journée pour le créer, il a peu de chances d'être intéressant, sauf si vous avez déjà une excellente maîtrise de ce qui fait l'âme d'un jeu. Créer un jeu est un travail difficile, au même titre que faire un film. Vous pouvez obtenir de bons résultats assez rapidement, mais il faut tout de même y investir un minimum de temps.

(1) http://jcray.com/index.php

3 Réaliser un jeu en quelques semaines

C'est le compromis idéal pour se donner le temps de faire quelque chose de qualité sans pour autant y passer tout son temps libre. Que vous soyez seul ou à plusieurs, que vous désiriez faire un jeu amateur ou que vous envisagiez un petit jeu de serious gaming, ce qui suit vous fournira des solutions.

Outils « clé en main »

Comme dans le point précédent, vous pouvez utiliser ce type d'outils. Cette fois, accordez-vous du temps pour fabriquer des ressources de qualité et pour inventer la meilleure toile de règles de jeu possible. Certains des outils disponibles donnent lieu à la fabrication de très bons jeux, même si vous ne pouvez pas les mettre en vente ou les diffuser.

Maîtriser Flash

Flash est la solution d'Adobe idéale pour fabriquer des jeux de qualité professionnelle à petit budget. La plupart des jeux disponibles sur les sites grand public sont fabriqués à l'aide de ce logiciel. Mais contrairement aux outils précédents, il implique de se plonger un minimum dans le code. L'avantage est de réaliser des jeux « multiplateformes », car aujourd'hui Flash est certainement installé sur à peu près tous les PC et Mac du monde. Le joueur n'aura donc vraisemblablement pas à installer de plug-in (logiciel ou programme aditionnel). De plus, on trouve maintenant Flash 3D, qui est de plus en plus utilisé. L'inconvénient de Flash est le prix de sa licence. Java, la solution libre équivalente de Sun Microsystems, conserve pourtant un taux d'installation sur les ordinateurs plus faible, ce qui la rend encore difficile à faire accepter par un utilisateur.

Faire un *mod*

Un *mod* (abréviation de *modification*) est un jeu vidéo créé à partir d'un autre, ou une simple modification de l'original, pouvant parfois le transformer complètement. C'est certainement la solution des passionnés. Elle ne conviendra donc pas au serious gaming, même si dans certains cas spécifiques, on peut retenir cette solution. Faire un mod consiste à utiliser le moteur d'un jeu existant ouvert à cela, afin d'y changer des éléments, d'en rajouter, de changer les règles du jeu, etc. Le mod le plus célèbre est sans doute Counter-Strike, modification complète du hit de Valve Software, Half-Life.

Utiliser un moteur de jeu

C'est la solution la plus solide, la plus professionnelle, mais également la plus coûteuse, si vous désirez obtenir un résultat de haut niveau. Un peu comme dans la solution précédente, il s'agit d'utiliser un moteur de jeu existant afin de faire le sien. Un moteur de jeu est un ensemble de possibilité technologiques qui couvrent l'affichage, le pipeline de production : import et export des données, etc. Des moteurs spécifiques peuvent être rajoutés tels qu'un moteur d'intelligence artificielle, un moteur de gestion de la physique, un moteur de gestion du son, etc. Utiliser un moteur est généralement coûteux et tous ne sont pas forcément prévus pour fonctionner sur toutes les plateformes. De plus, il faut disposer d'une véritable équipe de développement capable de l'utiliser. Les moteurs payants sont Unreal Engine, Unity, Gamebryo, etc. Des solutions gratuites comme Ogre ou Torque sont disponibles, mais elles demandent encore plus de travail. Cette solution de création prend au minimum plusieurs semaines si l'on utilise des fonctionnalités déjà existantes dans le moteur. Vous devez compter plusieurs mois pour jeu plus lourd. Puisque ces moteurs sont ceux utilisés par les développeurs professionnels, ils offrent une qualité et une stabilité très importantes. Des versions gratuites sont souvent disponibles pour les écoles ou les non professionnels.

Parmi les solutions quasi professionnelles, il existe notamment Microsoft XNA, qui est une série d'outils provenant de Microsoft et de ses partenaires, une suite d'applications permettant de créer des jeux sur PC ou sur Xbox 360. La suite XNA Game Studio utilise la version gratuite de Visual C# Express. L'intérêt de cette solution est la possibilité de diffusion sur le réseau XNA, c'est-à-dire sur le Marketplace Xbox.

Prendre son temps

Se laisser le temps de développer le projet est primordial. C'est la garantie pour produire un jeu de qualité quelle que soit la solution technique choisie. Toutes sont intéressantes et permettent de fabriquer de véritables jeux en prenant le temps, en investissant de longs efforts, pour arriver à un résultat de niveau professionnel. Dans cet objectif, seule la solution rapide « clé en main » est à rejeter, car elle ne permet pas d'atteindre ce niveau. Il est néanmoins certain que ce type d'outils est à conseiller aux débutants.

4 La vision marketing

Lorsque l'on cherche à fabriquer un jeu, même s'il ne s'agit que d'une petite création personnelle, il ne faut pas oublier la nécessité d'une vision marketing. Même si la conception d'un jeu vidéo est un mécanisme réflexif et personnel, comme pour tout produit, vous devez tenir compte de ceux pour qui vous le faites. Vous devez imaginer que votre jeu est un produit destiné à être consommé par des joueurs. À ce titre, il est utile de connaître quelques concepts issus du marketing. Dès le début de la conception, il faut considérer les paramètres qui suivent à la fois comme contraintes et aides à la création.

La concurrence

Commencez par regarder quels sont les jeux qui ressemblent à celui que vous comptez faire. Identifiez leurs points forts, leurs points faibles, servez-vous d'eux comme de références. Regardez les principaux concurrents et décortiquez-en les éléments créatifs.

Le public

Il s'agit de la cible pour laquelle vous créez le jeu. Au-delà de l'âge et du sexe, vous devez effectuer une identification plus importante. La méthode dite des « personas » est une méthode marketing dérivée d'une technique de la psychologie. Elle consiste à se fabriquer un ou plusieurs personnages fictifs, reflets parfaits du public ciblé. Vous devez alors identifier ses habitudes, ses goûts, ce que votre cible consomme culturellement, quels sont ses usages, ses habitudes de vie, ses préférences, etc. Élaborez cette cible imaginaire et gardez la présente dans l'équipe. Parlez d'elle comme si elle existait, fabriquez-lui un coin quelque part dans vos bureaux, où vous afficherez sa photo, celles de ses éléments de consommation, etc. Identifiez-la, un peu comme le ferait un profiler. Parce que vous aurez fait ce travail d'identification et de familiarisation avec elle, votre jeu sera naturellement orienté et conçu pour elle.

La mise en vente

Les dates et délais de sortie, la visibilité du produit, les plateformes sur lesquelles votre jeu va être disponible, sont autant de contraintes à ne pas négliger d'un point de vue marketing.

Combien de développeurs ont fabriqué des jeux sur PS3 ou Xbox 360 pour des télévisions HD, alors que le public n'était pas encore bien équipé, rendant ainsi les écritures et les GUI illisibles ? Combien ont dû négliger les vidéos de démonstration pour les conventions E3[1] ou pour d'autres salons, alors qu'ils pensaient être largement dans les temps définis par leur planning ? Le monde du jeu vidéo est toujours en mouvement, tout change constamment. Il ne faut jamais s'y endormir.

Repérer les éléments forts

Vous devez identifier quels sont les éléments majeurs et originaux de votre jeu. Qu'est-ce qui le différencie des autres, qu'est-ce qui fait qu'il leur est supérieur ? On parlera d'USP (*unique selling points*), c'est-à-dire d'arguments clés de vente. Même s'ils ne représentent pas forcément le cœur de votre jeu ou de votre gameplay, il faut en identifier et les garder en tête.

C- Diffuser son jeu

Diffuser son jeu n'est pas toujours la volonté première, mais de la même manière que le marketing, cela reste une perspective intéressante. En effet, on fait rarement un jeu pour soi. La vidéo amateur a trouvé un terrain de projection et de partage quasi ultime avec les sites comme YouTube ou Dailymotion. Le jeu vidéo ne possède pas encore ce type de plateformes de diffusion.

(1) *Electronic Entertainment Expo* : il s'agit de la plus grande convention annuelle de jeu vidéo, avec ses nouveautés ou futures applications, ses conférences et ses expositions.

Si c'est votre objectif, il faut savoir que ce choix est déterminant dès le début. Il peut vous amener à laisser simplement votre jeu exposé sur la toile en accès libre, mais il peut également vous rapporter de l'argent.

Le net

Certaines des solutions techniques évoquées précédemment vous permettent de mettre votre jeu sur le net et de le rendre accessible à tous. Si vous fabriquez votre jeu en Flash, vous pouvez l'intégrer à un site existant, potentiellement le vôtre.

Si vous choisissez une solution plus lourde, en utilisant un moteur de jeu, il est possible de réaliser une version exécutable que vous pouvez mettre en téléchargement sur votre site personnel ou sur celui de communautés de développeurs indépendants, tels que GameDev(1) ou Game Creators Network(2) ou DevMaster(3). Toutes ces solutions vous permettent de diffuser votre jeu dans des réseaux personnels ou amateurs, c'est-à-dire dont la visibilité reste assez confidentielle.

Les consoles : PlayStation Network et Xbox Live

Les moteurs de jeu professionnels autorisent généralement une diffusion dans les réseaux PlayStation Network (Sony) ou Xbox Live (Microsoft). XNA reste le langage privilégié pour la console de Microsoft. Il est très accessible et de nombreuses aides en ligne vous permettent d'atteindre facilement un très bon niveau.

Il ne faut pas oublier que pour utiliser ce type de moteur, vous devez disposer d'un très haut niveau technique. Mais ce qui est intéressant, c'est que vous n'avez pas besoin d'être déve-

(1) http://www.gamedev.net/
(2) http://www.games-creators.org/wiki/Accueil
(3) http://www.devmaster.net/

loppeur officiel chez ces deux constructeurs pour sortir des jeux sur leur marketplace. Vous devez suivre une procédure assez lourde de validation avant que votre jeu soit disponible sur l'un ou l'autre des deux magasins. Un pourcentage vous est alors reversé.

L'App Store

L'Application Store de chez Apple est dédié à l'iPhone et à l'iPod, et désormais à l'iPad. Elle est la solution sur laquelle de très nombreux amateurs et professionnels free-lances se sont précipités au cours de l'année 2009.

Le principe est simple et préfigure l'avenir de la distribution de jeux vidéo. Apple reverse 70 % des revenus d'un jeu vendu sur son App Store. La société américaine s'occupe d'héberger et de vendre votre produit, vous avez la responsabilité de la création et du développement.

Avoir un kit de développement n'est pas nécessaire, et l'environnement de travail, c'est-à-dire le moteur et les outils, sont accessibles gratuitement chez Apple en téléchargement. De nombreux tutoriaux et vidéos sont disponibles pour vous aider. Vous n'avez besoin que d'un iPhone connecté à votre Mac ou votre PC pour exécuter votre jeu et le tester.

Le succès de l'App Store réside en grande partie dans ce principe. En laissant ouverte et attractive la porte de la création, Apple a largement enrichi son catalogue, rendant l'iPhone incontournable.

Le volume de business est tellement important, que la machine est aujourd'hui devenue une véritable console portable, en avance sur les autres, car elle distribue les jeux en téléchargement direct et à des prix très bas. L'ensemble des constructeurs lorgne aujourd'hui sur ce modèle.

L'avenir

Le futur de la diffusion des jeux amateurs ou semi-professionnels est évidemment dans la diffusion dématérialisée. Avec l'engouement du public et la démocratisation de jeux vidéo de toutes sortes, avec le niveau d'équipement actuel et à venir, et avec le niveau des connections disponibles, de nouveaux types de services seront certainement accessibles à l'avenir.

En partie, les jeux vont devenir plus courts pour faire chuter les prix et transformer leur acquisition en achats d'impulsion. Nous n'hésiterons plus à dépenser 2 euros pour essayer un jeu et y jouer une heure. Et puis nous n'hésiterons pas non plus à remettre 3 euros supplémentaires pour acheter la suite de l'histoire ou des niveaux additionnels.

Comme pour la musique, qui commence lentement à prendre ce virage, nous devrions assister à l'éclosion de plateformes spécifiques, de sites de téléchargement capables de proposer un catalogue de jeux indépendants, courts mais de très grande qualité.

Des labels vont certainement se former et selon votre passion pour les jeux de tel ou tel groupe ou personne, des petits jeux courts mais toujours fun, vous déciderez de dépenser les quelques euros qu'ils vous coûteront.

Ce phénomène va changer la donne économique de la création de jeu et va rendre viable la création de petits jeux. Ni les constructeurs, ni les distributeurs et grossistes ne prélèveront leur dîme, ce qui fera baisser le prix de 70 à 80 %. Les blockbusters ultra-coûteux continueront à exister et à se vendre par millions, les projets de taille moyenne aussi, mais ce sont surtout les toutes petites productions qui vont exploser.

Conclusion

Quel avenir pour le game design ?

Étonnamment, je vais entamer cette conclusion sur l'avenir du game design en écrivant quelques lignes sur le *retrogaming*, cette activité de collectioneurs et passionnés du jeu vidéo ancien. Interviewé plusieurs fois par un magazine de retrogaming, j'ai rencontré l'un de ces passionnés. Ces personnes font un travail exceptionnel. Elles numérisent toutes les anciennes revues, achètent et collectionnent toutes les vieilles machines, les jeux classiques, et rendent tout cela disponible gratuitement sur le net. Sans que personne ne le signale ou ne s'en rende compte, ces gens sont en train d'accomplir un indispensable travail de mémoire, sérieux et rigoureux, qui ravira les historiens à venir.

Pour tous les passionnés par le jeu vidéo qui n'ont pas eu le loisir de jouer aux productions des débuts du jeu vidéo, le net permet d'aller à la découverte du monde du jeu vidéo d'il y a vingt ans : une tout autre façon de jouer et de vivre les jeux vidéo. En comparaison, on peut dire que l'évolution qui attend le jeu vidéo est du même ordre. C'est aussi par internet que les pratiques vont se transformer. Et la démocratisation va donner au jeu vidéo l'accès à une littérature et des méthodologies concrètes.

La dématérialisation

Le futur du game design réside avant tout dans sa démocratisation. Le modèle économique du jeu tel qu'il existe ne peut pas durer, car il est difficilement rentable pour tous les acteurs. Sur le prix d'une boîte de jeu que vous pouvez acheter en magasin, entre 70 et 80 % vont au revendeur, au distributeur et au constructeur s'il s'agit d'un jeu sur console.

Les jeux dématérialisés ne demandent pas tous ces intermédiaires et vont donc considérablement faire baisser leur coût.

Il faut bien reconnaître que les 70 euros que coûte un jeu sur PS3 en font un produit plutôt luxueux. Au-delà de la baisse des prix induite par la disparition des intermédiaires liés à la distribution, la dématérialisation va aussi nous faire passer d'une logique de produit à une logique de service.

Le joueur ne va plus acheter un produit en magasin, il va louer ou acheter un service numérique. Les MMORPG ont déjà franchi ce cap, puisque vous n'avez pas besoin d'insérer un disque dans votre machine pour pouvoir y jouer en ligne.

En plus de baisser son prix, la logique de service va lui permettre de se transformer, les deux phénomènes s'entraînant mutuellement. Parce que le prix sera plus bas, nous essaierons plus facilement de nouveaux jeux. Et parce que cela sera plus facile, nous en essaierons beaucoup et ne paierons l'intégralité des jeux que lorsqu'ils nous plairont vraiment.

Les démos d'aujourd'hui vont s'améliorer, proposer jusqu'à une heure de jeu, devenant les jeux de demain. Les DLC (*downloadable contents*, soit des contenus supplémentaires téléchargeables) constitueront les niveaux de l'histoire, les modules que l'on achète aujourd'hui en une seule fois à un prix prohibitif.

La transformation du modèle économique va donc également changer la façon de concevoir et de penser les jeux qui se structureront, d'une manière ou d'une autre, comme des épisodes. Ce système de poupées russes devra donc faire partie intégrante de la structure du jeu telle que vous devez la penser. Parce que les jeux seront téléchargeables, les jeux multijoueurs en ligne seront également plus nombreux.

La consommation va augmenter tout en devenant beaucoup moins onéreuse, les joueurs vont jouer à plus de jeux et cela va devenir une activité quotidienne, peu chronophage mais assez fréquente, comme on peut le faire avec la télévision, la lecture ou bien l'écoute de musique.

Les jeux seront obligatoirement connectés et deviendront également un carrefour social. Tous ces phénomènes amèneront à une démocratisation encore plus importante du jeu vidéo. Grâce à elle, plus de gens voudront essayer d'en créer eux-mêmes et cette tendance deviendra sans doute similaire à celle de la vidéo amateur.

Jouer entraînera certainement l'envie de fabriquer et de partager, dans des environnements dédiés à ces principes. Les savoir-faire en game design et les outils de conception vont donc devenir indispensables à chacun.

Vers un game design tangible

Encore ignoré il y a dix ans, le game design est aujourd'hui un art plus ou moins maîtrisé, mais qui reste peu reconnu. En effet, les notions d'auteur sont toujours floues et la place accordée au game design est soit excessive soit insuffisante.

Dans l'avenir, le savoir, d'abord empirique puis théorisé, va de plus en plus se concrétiser. Il va apparaître dans les livres et les articles, d'abord à destination des experts, ensuite en s'adressant au grand public. L'ouvrage que vous avez entre les mains en est d'ailleurs la démonstration.

Les écoles de jeu vidéo, de plus en plus nombreuses, auront bientôt besoin d'un maximum de manuels et de courants théoriques sur lesquels appuyer leur enseignement. Jusqu'à présent, seuls les professionnels lassés ou évincés du développement devenaient professeurs dans ces écoles. Demain, de véritables enseignants-chercheurs vont apparaître. Quelques chercheurs travaillent déjà sur les jeux vidéo et proposent des thèses faisant avancer l'état des connaissances. Cette dynamique se propagera certainement à l'enseignement des universités et des écoles.

Comme dans le cinéma, on verra des analystes, des historiens et des professeurs d'esthétique émettre des théories sur le jeu vidéo et les transmettre à de jeunes étudiants avides de création. Tout cela ne sera possible que si une littérature existe, si une pensée concrète est développée, discutée, débattue. Il y a fort à parier que le game design va se constituer en un langage vidéoludique établi.

La progression des méthodologies des studios

Si le langage vidéoludique est plus ou moins identifié, il est loin de l'être totalement. Le cinéma a découvert les principes fondateurs de son langage dès la fin des années 1920. Néanmoins, des effets de style incontournables ont été découverts ensuite : la profondeur de champ ou le faux raccord en sont le meilleur exemple.

Cet ouvrage a tracé la liste des outils du langage vidéoludique, d'autres apparaîtront certainement dans les années qui viennent. L'augmentation de la création ludique mettra à jour de nouveaux besoins, de nouveaux procédés et de nouveaux éléments de langage.

Les studios et les éditeurs vont donc continuer à faire avancer leur savoir-faire et leurs méthodologies. L'usage du online et la modification du découpage des contenus amenés par la distribution dématérialisée apporteront sans doute de nouvelles techniques. D'un autre coté, le game design et la dramaturgie vont continuer à progresser ensemble et à trouver des possibilités de fusionner, afin de proposer des expériences immersives ludiques toujours plus porteuses de sens et d'émotion.

La convergence des médias

L'avenir du jeu vidéo passe également par les projets que l'on appelle « 360 », c'est-à-dire mêlant le jeu aux autres médias. La valeur ne réside pas dans le produit, mais dans la propriété intellectuelle, c'est-à-dire les personnages, les héros et les univers dans lesquels ils évoluent. Une propriété intellectuelle correspond à l'idée de marque. Sa spécificité est qu'elle concerne un contenu culturel.

Une IP (*intellectual property*) peut donc se décliner sur plusieurs médias et toucher ainsi plus efficacement le public qu'elle cible. Ce type de système est non seulement plus intéressant, car il garantit une meilleure visibilité de la marque, mais il est également générateur de plus de revenus.

L'avenir des jeux vidéo, en particulier des blockbusters, est ainsi de se tourner également vers le cinéma, la télévision et bien d'autres. Imaginez qu'un jeu star que vous aimez soit décliné en série télévisée diffusée sur une chaîne majeure en première partie de soirée, mais aussi en long métrage réalisé par un grand réalisateur dont vous pouvez aussi acheter les musiques, lire les romans et les bandes dessinées... La quantité de produits dérivés et de revenus générés par ce type de business est considérable. C'est certainement l'avenir des grosses productions.

Parce que la création n'est pas la même dans chaque média, le travail d'écriture de chacun d'entre eux va devoir s'adapter à celui de tous les autres. Pour cette raison, je pense que l'écriture de jeu vidéo évoluera. Non pas au niveau du langage vidéoludique, mais dans la manière de fabriquer des univers ludiques et d'intégrer la notion de cosmogonie.

En effet, les univers vidéoludiques ne sont riches que par leur représentation. La mythologie, soit le véritable travail d'écriture et de création au sens d'un J.R.R. Tolkien ou d'un

Frank Herbert, est loin d'être intégrée dans le monde du développement. Peu de gens savent qu'un univers s'imagine d'abord à l'écrit avant d'exister en images.

Ce travail de création de fond devra venir s'emboîter avec celui des autres médias. La création de personnages et d'univers en fonction des médias sur lesquels ils sont prévus sera certainement la véritable tâche créative des prochaines années. Il ne suffit pas de téléporter un univers de série dans un jeu ou inversement. Les modalités de chacun obligent à des modifications intrinsèques pour chaque média. La forme médiatique influe alors sur le fond. Chaque média est distinct, générant avec lui des besoins de structure et d'identité différents.

L'écriture de jeu vidéo va devoir s'adapter et apprendre à créer des univers entiers, des personnages forts, de véritables dramaturgies, transmissibles à la fois par le gameplay et potentiellement dans des histoires avec ou sans épisodes, dans lesquelles les gens pourront intervenir ou non, partager leurs impressions, leurs envies, etc.

De nouveaux champs de création

La concept freudien de l'*uncanny*, ou « l'inquiétante étrangeté » traite de la représentation de l'humain et a été énoncé par Ernst Jentsch en 1906, dans l'article « On the Psychology of Uncanny ». Reprise par le roboticien Masahiro Mori, l'hypothèse de l'*uncanny valley* est que plus on essaie de représenter l'humain de manière réaliste, moins il est crédible, c'est-à-dire plus l'œil humain est capable de déceler les détails signalant qu'il s'agit d'une représentation et non pas d'un véritable être humain. Cette théorie définit aussi l'idée qu'une fois passé le cap de qualité de représentation où l'on voit que le personnage est faux, les personnages deviennent brutalement crédibles.

Cette théorie est aussi applicable à la représentation 3D des humains et à celle des personnages de jeu vidéo. L'inquiétante étrangeté sera bientôt dépassée. Imaginez qu'il soit possible de représenter en 3D un humain de manière crédible, on pourra faire agir ce personnage exactement comme on le désire. Les comédiens ont donc du souci à se faire, car on pourrait bien se passer d'eux. De la même manière, on pourrait ressusciter des légendes du cinéma.

Cette possibilité met en relief la notion d'émotions, qui pouvaient manquer jusque-là en raison de la non-crédibilité des personnages. Le jeu vidéo pourrait alors avoir l'impact émotionnel du cinéma. Cela n'est pas encore le cas, mais il n'y a pas à douter que des technologies seront bientôt disponibles pour le grand public.

Que va-t-il donc se passer et surtout quelles modifications ce type de technologies va-t-il faire apparaître dans nos expériences de jeu et dans nos ressentis de joueurs ? Il est évident que le game design va devoir profondément évoluer. Toute l'écriture de jeu devra tendre vers la mise en scène des ressentis réels des personnages, vers le jeu des émotions et les fondements de la dramaturgie. C'est ainsi que le jeu vidéo deviendra, finalement, un véritable art dramatique interactif.

Achevé d'imprimer en mai 2010
Imprimé en France sur les presses de l'imprimerie Chirat
Dépôt légal : mai 2010
ISBN : 978-2-916571-36-2